— 乡村振兴特色优势产业培育工程丛书 —

# 中国油茶产业
# 发展蓝皮书

## （2023）

中国乡村发展志愿服务促进会 组织编写

中国出版集团
研究出版社

**图书在版编目 (CIP) 数据**

中国油茶产业发展蓝皮书. 2023 / 中国乡村发展志
愿服务促进会组织编写. -- 北京 : 研究出版社, 2024.7

ISBN 978-7-5199-1684-8

Ⅰ. ①中… Ⅱ. ①中… Ⅲ. ①油茶 – 产业发展 – 研究
报告 – 中国 – 2023 Ⅳ. ①F326.12

中国国家版本馆CIP数据核字 (2024) 第110904号

出 品 人：陈建军
出版统筹：丁　波
责任编辑：寇颖丹

**中国油茶产业发展蓝皮书（2023）**

ZHONGGUO YOUCHA CHANYE FAZHAN LANPI SHU (2023)

中国乡村发展志愿服务促进会　组织编写

*研究出版社* 出版发行

（100006　北京市东城区灯市口大街100号华腾商务楼）

北京建宏印刷有限公司印刷　新华书店经销

2024年7月第1版　2024年7月第1次印刷

开本：710毫米 × 1000毫米　1/16　印张：13.5

字数：213千字

ISBN 978-7-5199-1684-8　定价：56.00元

电话（010）64217619　64217652（发行部）

# 本书编写人员

主　　编：陈永忠

副 主 编：冯纪福　龚　春　程军勇　周新平　方学智　马锦林

　　　　　黄家章　许彦明　张　震

编写人员：（按姓氏笔画排序）

　　　　　马　力　马玉申　王　瑞　王东雪　王湘南　龙　玲

　　　　　占志勇　叶　航　乔永辉　刘　凯　刘彩霞　寻成峰

　　　　　杜孟浩　杜洋文　李志钢　李金柱　杨小胡　杨友志

　　　　　何之龙　汪韦兴　张　英　张　涛　张应中　陈柏林

　　　　　陈梦秋　陈清波　陈隆升　罗　凡　胡立松　袁　军

　　　　　聂　莹　贾效成　夏莹莹　徐雅雯　高　晶　唐　炜

　　　　　康　地　魏祯倩

# 本书评审专家

（按姓氏笔画排序）

　　　　　王祖明　王瑞元　孙宝忠　张忠涛　金　旻

　　　　　赵世华　相　海　饶国栋　裴　东

# 编写说明

习近平总书记十分关心乡村特色优势产业的发展，作出一系列重要指示。2022年7月，习近平总书记在新疆考察时指出，要加快经济高质量发展，培育壮大特色优势产业，增强吸纳就业能力。2022年10月，习近平总书记在陕西考察时强调，产业振兴是乡村振兴的重中之重，要坚持精准发力，立足特色资源，关注市场需求，发展优势产业，促进一二三产业融合发展，更多更好惠及农村农民。2023年4月，习近平总书记在广东考察时要求，发展特色产业是实现乡村振兴的重要途径，要着力做好"土特产"文章，以产业振兴促进乡村全面振兴。党的二十大报告指出，发展乡村特色产业，拓宽农民增收致富渠道。巩固拓展脱贫攻坚成果，增强脱贫地区和脱贫群众内生发展动力。

为贯彻落实习近平总书记的重要指示和党的二十大精神，围绕"国之大者"，按照确保重要农产品供给和树立大食物观的要求，中国乡村发展志愿服务促进会认真总结脱贫攻坚期间产业扶贫经验，启动实施"乡村特色优势产业培育工程"，选择油茶、核桃、油橄榄、杂交构树、酿酒葡萄，青藏高原青稞、牦牛，新疆南疆核桃、红枣9个特色优势产业进行重点培育。这9个产业，都事关国计民生，经过多年的努力特别是脱贫攻坚期间的工作，具备了加快发展的基础和条件，不失时机地促进实现高质量发展，不仅是必要的，而且是可行的。中国乡村发展志愿服务促进会动员和聚合社会力量，促进发展木本油料，向山地要油料，加快补齐粮棉油中"油"的短板，是国之大者。促进发展核桃、杂交构树等，向植物要蛋白，加快补齐肉蛋奶中"奶"的短板，是国之大者。发展青藏高原青稞、牦牛和新疆南疆核桃、红枣，加快发展西北地区葡萄酒产业，是脱贫地区巩固拓展脱贫攻坚成果和实现乡村产业振兴的需要，也是实现农民特别是脱贫群众增收的重要措施。通过培育重点企业、强化科技支撑、扩大市场销售、对接金融资源、发布蓝皮书等工作，服务和促进9个特色优势产业加快发展，努力实现农民增收、企业盈利、消费者受益的目标。

发布蓝皮书是培育工程的一项重要内容，也是一项新的工作。旨在普及产业知识，记录产业发展轨迹，反映产业状况，推广良种良法，介绍全产业链开发的经验做法，对产业发展进行预测和展望。营造产业发展的良好社会氛围，加快实现高质量发展。2023年蓝皮书的出版发行，得到了社会各界的广泛认可，并被有关部门列入"乡村振兴好书荐读"书目。

2024年，为进一步提高蓝皮书的编撰质量，使其更具知识性、史料性、权威性，促进会提早着手、统筹谋划，统一编写思想和体例，提出数据采集要求，召开了编写提纲讨论会、编写调度会、专家评审研讨会等。经过半年多努力，现付梓面世。丛书的出版发行，得到了各方面的大力支持。我们诚挚感谢所有参加蓝皮书编写的人员及支持单位，感谢在百忙之中参加评审的专家，感谢为丛书出版提供支持的出版社和编辑。虽然是第二年编写蓝皮书，但因为对有些产业发展的最新数据掌握不全，加之水平有限，谬误在所难免，欢迎广大读者批评指正。

2024年4月23日，习近平总书记在重庆主持召开的新时代推动西部大开发座谈会上强调，要坚持把发展特色优势产业作为主攻方向，因地制宜发展新兴产业，加快西部地区产业转型升级。习近平总书记的重要指示，进一步坚定了我们继续编写特色产业蓝皮书的决心和信心。下一步，我们将认真学习贯彻习近平总书记重要指示精神，密切跟踪九大特色产业发展轨迹，关注分析国内外相关情况，加强编写队伍，争取把本丛书做精做好，做成品牌。

丛书编委会

2024年5月

# 代 序

## 乡村振兴特色优势产业培育工程实施方案

中国乡村发展志愿服务促进会

2022年7月11日

民族要复兴，乡村必振兴。脱贫攻坚任务胜利完成以后，"三农"工作重心历史性转到全面推进乡村振兴。为贯彻落实习近平总书记关于粮食安全的重要指示精神，落实《国家乡村振兴局 民政部关于印发〈社会组织助力乡村振兴专项行动方案〉的通知》（国乡振发〔2022〕5号）要求，中国乡村发展志愿服务促进会（以下简称促进会）认真总结脱贫攻坚期间产业扶贫经验，选择油茶、油橄榄、核桃、酿酒葡萄、杂交构树，青藏高原青稞、牦牛，新疆南疆核桃、红枣9个特色优势产业进行重点培育，编制《乡村振兴特色优势产业培育工程实施方案》（以下简称《实施方案》）。

## 一、总体要求

### （一）指导思想

以习近平新时代中国特色社会主义思想为指导，全面贯彻习近平总书记关于"三农"工作的重要论述，立足新发展阶段，贯彻新发展理念，构建新发展格局，落实高质量发展要求。按照乡村要振兴、产业必先行的理念，坚持"大食物观"，立足不与粮争地，坚守18亿亩耕地红线，本着向山地要油料、向构树要蛋白的思路，加快补齐粮棉油中"油"的短板、肉蛋奶中"奶"的短板，持续推进乡村振兴特色优势产业培育工程。立足帮助优质农产品出村进城，不断丰富市民的"米袋子""菜篮子""果盘子""油瓶子"，鼓起脱贫地区人民群众的"钱袋子"。立足推动农业高质高效、乡村宜居宜业、农民富裕富足，为全面推进乡村振兴、加快农业农村现代化提供有力支撑。

（二）基本原则

——坚持政策引导，龙头带动。以政策支持为前提，积极为产业发展和参与企业争取政策支持。尊重市场规律，发挥市场主体作用，择优扶持龙头企业做大做强，充分发挥龙头企业的示范带动作用。

——坚持突出重点，分类实施。突出深度脱贫地区，遴选基础条件好、带动能力强的企业，进行重点培育。按照"分产业、分区域、分重点"原则，积极推进全产业链发展。

——坚持科技支撑，金融助力。加强对特色优势产业发展的科研攻关、科技赋能作用，促进科研成果及时转化。对接金融政策，促进企业不断增强研发能力、生产能力、销售能力。

——坚持行业指导，社会参与。充分发挥行业协会指导、沟通、协调、监督作用，帮助企业加快发展，实施行业规范自律。充分调动社会各方广泛参与，"各炒一盘菜，共办一桌席"，共同助力产业发展。

——坚持高质量发展，增收富民。坚持"绿水青山就是金山银山"理念，帮助企业转变生产方式，按照高质量发展要求，促进产业发展、企业增效、农民增收、生态增值。

（三）主要目标

对标对表国家"十四五"规划和2035年远景目标纲要，设定到2025年、2035年两个阶段目标。

——到2025年，布局特色优势产业培育工程，先行试点，以点带面，实现突破性进展，取得明显成效。完成9个特色优势产业种养适生区的划定，推广"良种良法"，建设一批生产基地。培育一批龙头企业、专业合作社和家庭农场等市场主体，建立重点帮扶企业库，发挥引领带动作用。聘请一批知名专家，建立专家库，做好科技支撑服务工作。培养一批生产、销售和管理人才，增强市场主体内生动力，促进形成联农带农富农的帮扶机制。

——到2035年，特色优势产业培育工程形成产业规模，实现高质量发展。品种和产品研发取得重大突破，拥有多个高产优质品种和市场占有率高的产品。种养规模与市场需求相适应，加工技术不断创新，产品质量明显提升，销售盈利能力不断拓展，品牌影响力明显增强。拥有一批品种和产品研发专家，一批产业发展领军人才和产业致富带头人，一批社会化服务专业人才。市场主体发展壮大，实现一批企业上市。联农带农富农帮扶机制更加稳固，为共同富裕添砖加瓦，作出积极贡献。

## 二、重点工作

围绕特色优势产业培育工程目标，以"培育重点企业、建立专家库、实施消费帮、搭建资金池、发布蓝皮书"为抓手，根据帮扶地区自然禀赋和产业基础条件，做好五项重点工作。

### （一）培育重点企业

围绕中西部地区，特别是三区三州和乡村振兴重点帮扶县，按照全产业链发展的思路遴选一批产业基础好、发展潜力大、创新能力强的企业，建立重点帮扶企业库，作为重点进行培育。对有条件的龙头企业，按照上市公司要求和现代企业制度，从政策对接、金融支持、消费帮扶等方面进行重点培育，条件成熟的推荐上市。

### （二）强化科技支撑

遴选一批品种研发、产品开发、技术推广、工艺研究等方面的专家，建立专家库，有针对性地对制约产业发展的"卡脖子"技术难题进行联合攻关。为企业量身研发、培育种子种苗，用"良种良法"助力企业扩大种养规模。加强产品研发攻关，提高产品品质和市场竞争力。充分发挥企业家在技术创新中的重要作用，鼓励企业加大研发投入，承接和转化科研单位研究成果，搞好技术设备更新改造，强化科技赋能作用。

### （三）扩大市场销售

帮助企业进行帮扶产品认定认证，给帮扶地区产品提供"身份证"，引导销售。利用促进会"帮扶网""三馆一柜"等平台和载体，采取线上线下多种方式销售。通过专题研讨、案例推介等形式，开展活动营销。通过每年发布蓝皮书活动，帮助企业扩大影响，唱响品牌，进行品牌销售。

### （四）对接金融资源

帮助企业对接国有金融机构、民营投资机构，引导多类资金对特色优势产业培育工程进行投资、贷款，支持发展。积极与有关产业资本合作，按照国家政策规定，推进设立特色优势产业发展基金，支持相关产业发展。利用国家有关上市绿色通道，帮扶企业上市融资。

### （五）发布蓝皮书

组织专家编写分产业的特色优势产业发展蓝皮书。做好产业发展资料收集、整理、分析工作，加强国内外发展情况对比分析，在总结分析和深入研究的基础上，按照蓝皮书的基本要求组织编写，每年6月前对外发布上一年度产业发展蓝皮书。

## 三、保障措施

### （一）组建项目组

促进会成立项目组，制定《实施方案》并组织实施。项目组动员组织专家、企业家和有关单位，分别成立9个项目工作组，制定产业发展实施方案并组织实施。做好产业发展年度总结，编写好分产业特色优势产业发展蓝皮书。

### （二）争取政策支持

帮助重点龙头企业对接国家有关产业政策、产业发展项目。协调相关部门，加大帮扶工作力度，争取将脱贫地区重点龙头企业的产业发展规划纳入国家有关部门和有关地区的专项发展规划并给予支持。争取各类金融机构对重点帮扶龙头企业给予贷款、融资优惠,助力重点帮扶企业加快发展。

### （三）坚持典型引领

选择一批资源禀赋好、发展潜力大、市场前景广的种养基地作为示范种养典型,选择一批加工能力精深、技术先进、效益良好的龙头企业作为产品加工示范典型,选择一批增收增效、联农带农富农机制好的市场主体作为联农带农富农典型。通过典型示范,引领特色优势产业培育工程加快发展。

### （四）搞好社会动员

建立激励机制,让热心参与特色优势产业发展的单位和个人政治上有荣誉、事业上有发展、社会上受尊重、经济上有效益。加强宣传工作,充分运用电视、网络等多种媒体,加大舆论宣传推广力度,营造助力特色优势产业培育工程的良好社会氛围。招募志愿者,创造条件让志愿者积极参与特色优势产业培育工程。

### （五）加强协调促进

充分利用促进会在脱贫攻坚阶段取得的产业发展经验和社会影响力,协调脱贫地区龙头企业对接产业政策,动员产业专家参与企业技术升级和产品研发,衔接金融资源帮助企业解决资金难题。发挥行业协会的积极作用,按照公开、透明、规范要求,帮助企业规范运行,自我约束,健康发展。

## 四、组织实施

### （一）规范运行

在促进会的统一领导下,项目组和项目工作组根据职责分工,努力推进9个特色优势产业培育工程实施。项目组要根据产业特点组织制定专家库、重点帮扶企业库的建设与管理办法、产业发展培育项目管理办法,包括金融支持、消费帮扶、评估评价等办法,做好项目具体实施工作。

### （二）宣传发动

以全媒体宣传为主,充分发挥新媒体优势,不断为特色优势产业培育工程实施营造良好的政策环境、舆论环境、市场环境,让企业家专心生产经营。宣传动员社会各方力量，为特色优势产业培育工程建言献策。

（三）评估评价

发动市场主体进行自我评价，通过第三方调查等办法进行社会评价。特色优势产业培育工程项目组组织有关专家、行业协会、企业代表，对9个特色优势产业发展情况、市场主体进行专项评价。在此基础上，进行评估评价，形成特色优势产业发展年度评价报告。

# CONTENTS | 目录

第二章

# 油茶产业发展外部环境 / 023

第三章

# 油茶产业发展重点区域 / 035

## 第五章

# 油茶产业发展的代表性产品 / 095

## 第六章
# 油茶产业发展效益评价 / 107

## 第七章
# 油茶产业发展趋势与对策 / 127

# 绪　论

　　油茶是山茶科山茶属植物中种子油脂含量高，且具有一定经济栽培价值的植物总称，是我国南方最重要的经济林树种之一。油茶的历史文献记载可追溯到先秦时期，中华民族的祖先们早在2000多年前就开始认识油茶，并进行种植与利用。油茶的种子可榨取茶油，脂肪酸组成符合人体营养需求，是优质高端食用油，榨油后的枯饼和茶壳是良好的工业原材料，这些都使得油茶产业拥有巨大潜力，能够发展成为特色优势产业。

　　利用南方适宜地区的丘陵山地资源发展油茶产业，不与农争地、不与人争粮，是保障国家粮油安全的重要举措。通过高标准建设新油茶基地、提质改造老油茶林，是提升山地综合效益、解决林农就业和增收、维护国家粮油安全、推进生态文明建设、巩固拓展脱贫攻坚成果与乡村振兴有效衔接的当务之急、重中之重。近年来，党中央、国务院高度重视油茶产业的发展。2008年9月，首届全国油茶产业发展现场会在湖南长沙召开，翻开了我国油茶产业化发展的新篇章。2014年国务院办公厅出台了《关于加快木本油料产业发展的意见》（国办发〔2014〕68号）。为推动油茶产业发展，原国家林业局出台《关于发展油茶产业的意见》（林造发〔2006〕274号），联合国家发展和改革委员会、财政部编制《全国油茶产业发展规划（2009—2020年）》（发改农经〔2009〕2812号）。2016年8月，原国家林业局与农业部、国家发展和改革委员会联合出台《全国大宗油料作物生产发展规划（2016—2020年）》（发改农经〔2016〕1845号）。2023年1月，国家林业和草原局、国家发展和改革委员会、财政部联合印发《加快油茶产业发展三年行动方案（2023—2025年）》（林改发〔2022〕130

号），进一步明确了近三年油茶产业发展的时间表、路线图。特别是2023年中央一号文件提出，支持木本油料发展，实施加快油茶产业发展三年行动，落实油茶扩种和低产低效林改造任务。伴随这些计划的实施，油茶产业正开启全产业链发展的新模式，预计将带来更大的综合效益。

油茶产区全面贯彻《加快油茶产业发展三年行动方案（2023—2025年）》，油茶林面积在2022年6802.55万亩的基础上，2023年全国完成油茶新增种植、低产林改造1023万亩，其中，2023年新增种植面积超过473.65万亩，据测算，油茶林面积达7275.55万亩以上。2023年全国茶油产量80万吨，比2022年增加23.23%。财政部、国家林业和草原局先后两批遴选出湖南衡阳、永州、株洲，江西吉安、赣州，广西柳州、百色、河池，浙江衢州、丽水，湖北随州，广东河源，贵州铜仁和河南信阳等14个中央财政油茶产业发展示范奖补项目，从加大油茶营造力度和打造油茶产业发展示范高地两方面发力，支持油茶"扩面""提产"，促进提升油茶产业发展水平。

油茶产业虽然取得了瞩目的成绩，拥有巨大的发展潜力和市场前景，但仍面临着投入大、投资回收期长、产量普遍偏低、产品单一、市场销售难等诸多挑战。技术创新将是推动产业持续发展的关键驱动力，它不仅能够提高产品品质和生产效率，还能带动产业向高端价值链环节升级。油茶产业需不断调整和优化市场战略，以开拓市场。在深化国内市场开发的同时积极探索和拓展国际市场，满足不同消费者的需求。产业升级是油茶产业实现长远发展的必由之路，通过产业链的整合升级、智能化改造以及绿色发展战略的实施，油茶产业将在全球植物油市场中占据更有利的竞争地位，为经济发展和社会进步做出更大贡献。在这一进程中，政府的引导和支持、企业的创新和努力、科研机构的技术突破以及国际合作的深化都是不可或缺的。

中国乡村发展志愿服务促进会认真总结脱贫攻坚期间产业扶贫经验，选择油茶等9个特色优势产业进行重点培育，计划到2025年布局特色优势产业培育工程，先行试点，以点带面，实现突破性进展，到2035年，特色优势产业培育工程形成产业规模，实现高质量发展。其中，发布蓝皮书是特色优势产业培育工程五大重点工作之一。因此，为全面总结评估2023年油茶产业取得的新成效，分析存在的问题和难点，把握面临的挑战与机遇，提出科学的发展建议，在中国乡村发展志愿服务促进会的指导下，国家油茶工程技术研究中心联合中国林业科学研究院亚热带林业研究所、农业农村部食物与营养发展研究所、湖南省林业科学院等单位的专家编写了《中国油茶产业发展蓝皮书（2023）》（以下简称《蓝皮书》）。

　　《蓝皮书》详细分析了油茶产业链上游、中游和下游的产业发展概况、企业案例分析、商业运行模式与创新发展趋势。总结分析了油茶产业发展基本情况、外部环境、重点区域、重点企业、代表性产品、效益评价、产业发展趋势与对策等内容。书中还具体介绍了江西吉安市、湖南衡阳市等6个承担首批中央财政油茶产业发展示范奖补项目的措施，记录了2023年油茶产业发展相关大事，全景展示了我国油茶产业的现状与发展趋势。

　　《蓝皮书》共七章，采用市场调查、深度访谈、桌面研究、大数据分析等方法，系统性阐释了油茶产业发展最新动态、发展外部环境、产业发展重点区域、重点企业、代表性产品、效益评价和产业未来发展趋势。《蓝皮书》致力于准确及时地反映全国油茶产业的发展态势，构筑多维、立体、全面的产业发展图景。

## 第一章

# 油茶产业发展基本情况

2023年是实施《加快油茶产业发展三年行动方案（2023—2025年）》的开局之年。国家持续加大对油茶产业的扶持力度，相关部委和主产省（区、市）先后出台油茶产业支持政策，各地大力推广应用油茶新品种、新技术，积极探索油茶产业发展新模式，挖掘油茶资源潜力，大力推进三产融合发展，不断提升产业效益。

# 第一节　种植情况

## 一、油茶种植区域分布

我国油茶种植主要分布在湖南、江西、广西、浙江、安徽、福建、河南、湖北、广东、海南、重庆、四川、贵州、云南、陕西等地区。根据《中国林业和草原统计年鉴（2022年）》，2022年全国油茶林面积6802.55万亩，其中，湖南、江西和广西油茶面积位居前三，分别为2249.75万亩、1559.76万亩和652.12万亩，3省（区）油茶种植总面积为4461.63万亩，占全国油茶种植总面积的65.59%。2023年全国完成油茶新增种植、低产林改造1023万亩。

按照各省（区、市）自然条件、发展历史、现状和潜力，我国油茶种植区域分为核心发展区和重点拓展区。核心发展区包括湖南、江西、广西、湖北、广东、福建、浙江、贵州8个省（区）的约600个县（市、区）。重点拓展区包括云南、海南、河南、重庆、四川、安徽、陕西7个省（市）的约200个县。

表1-1 全国油茶林面积和油茶生产重点县（市、区）

| 地区 | 油茶林面积（万亩） | | 油茶生产重点县（市、区） |
|---|---|---|---|
| | 2021年 | 2022年 | |
| 湖南 | 2277.50 | 2249.75 | 鼎城区、汉寿县、临澧县、桃源县、安仁县、桂阳县、临武县、苏仙区、宜章县、永兴县、资兴市、常宁市、衡东县、衡南县、衡山县、衡阳县、耒阳市、祁东县、辰溪县、洪江市、会同县、通道侗族自治县、溆浦县、沅陵县、中方县、涟源市、双峰县、新化县、洞口县、隆回县、邵东市、邵阳县、绥宁县、武冈市、新邵县、湘潭县、湘乡市、凤凰县、古丈县、花垣县、龙山县、泸溪县、永顺县、安化县、道县、东安县、江华瑶族自治县、冷水滩区、零陵区、宁远县、祁阳市、临湘市、汨罗市、平江县、岳阳县、桑植县、浏阳市、宁乡市、茶陵县、醴陵市、渌口区、炎陵县、攸县 |
| 江西 | 1476.39 | 1559.76 | 赣县区、瑞金市、上犹县、信丰县、兴国县、于都县、上栗县、广信区、横峰县、鄱阳县、铅山县、婺源县、玉山县、丰城市、高安市、宜丰县、袁州区、崇仁县、广昌县、乐安县、临川区、吉安县、吉水县、遂川县、泰和县、永丰县、永新县、万安县、武宁县、修水县、分宜县、渝水区、进贤县、德兴市、贵溪市 |
| 广西 | 853.00 | 652.12 | 乐业县、凌云县、隆林各族自治县、平南县、田东县、田林县、田阳区、西林县、右江区、龙胜各族自治县、巴马瑶族自治县、东兰县、凤山县、环江毛南族自治县、金城江区、罗城仫佬族自治县、天峨县、宜州区、八步区、平桂区、昭平县、金秀县、鹿寨县、融安县、融水苗族自治县、三江侗族自治县、藤县 |
| 湖北 | 439.27 | 454.58 | 黄陂区、红安县、罗田县、麻城市、蕲春县、浠水县、英山县、通城县、通山县、崇阳县、团风县、钟祥市、松滋市、京山市、广水市、随县、咸丰县、来凤县、阳新县、南漳县、谷城县、大悟县 |
| 贵州 | 320.23 | 376.80 | 岑巩县、从江县、黄平县、锦屏县、黎平县、榕江县、三穗县、天柱县、碧江区、德江县、石阡县、思南县、松桃苗族自治县、玉屏侗族自治县、册亨县、望谟县 |
| 广东 | 257.25 | 270.61 | 东源县、和平县、龙川县、高州市、兴宁市 |
| 福建 | 248.37 | 249.11 | 福安市、尤溪县 |
| 安徽 | 239.22 | 238.09 | 潜山市、太湖县、桐城市、宿松县、岳西县、舒城县 |
| 浙江 | 242.85 | 236.94 | 常山县、淳安县、莲都区、青田县 |
| 云南 | 207.48 | 165.00 | 凤庆县、富宁县、广南县、建水县、金平苗族瑶族傣族自治县、腾冲市 |
| 河南 | 110.63 | 123.57 | 固始县、光山县、罗山县、商城县、桐柏县、新县 |

| 地区 | 油茶林面积（万亩） | | 油茶生产重点县（市、区） |
|---|---|---|---|
| | 2021年 | 2022年 | |
| 重庆 | 101.24 | 101.94 | 彭水苗族土家族自治县、秀山土家族苗族自治县、酉阳土家族苗族自治县 |
| 四川 | 58.46 | 64.84 | 叙永县、荣县 |
| 陕西 | 45.00 | 47.81 | 平利县、汉滨区、商南县 |
| 海南 | 10.92 | 11.35 | |
| 江苏 | — | 0.28 | |
| 总计 | 6887.81 | 6802.55 | |

## 二、油茶品种与栽培模式

### （一）油茶品种

2022年10月，国家林业和草原局发布《全国油茶主推品种和推荐品种目录》，在2017年公布的120个油茶主推品种的基础上，进一步优中选优，确定16个品种作为全国主推品种、65个品种作为各省（区、市）推荐品种，并列出了各主推品种的特性、适宜栽植区域、造林要求和配置品种（见附表1~3）。

### （二）油茶栽培模式

油茶栽培模式主要有油茶纯林栽培模式和油茶复合经营栽培模式。其中，在油茶复合经营栽培模式下，油茶林下可间种多种植物，如绿肥、一年生豆科作物、药用植物、香料植物等。例如，"油茶+百喜草""油茶+金鸡菊""油茶+蔬果""油茶+中药""油茶+畜禽""油茶+康养"等。

## 三、油茶土肥水管理

油茶养分管理包括土壤管理和肥料管理。土壤管理主要是夏季的中耕除草、冬季的垦抚翻土。油茶林施肥的种类以单施复合肥、有机肥、复合肥+有机肥和施叶面肥为主；施肥的方式以沟施为主，辅以撒施；施肥次数通常为1~2次/年；在肥料施用量上，行业标准《油茶》（LY/T 2023—3355）建议成林每年施复合肥0.5~1千克/株，每两年施有机肥5~10千克/株，油茶林施肥量较低，达到适宜施肥量的林地比例不高,需要适当增加复合肥和有机肥的施用量。油茶"抱子怀胎",生长周期长,对养分需要量大,特别是在开花期、果实膨大期和油脂转化期,一些油茶基地会适当喷施叶面肥,如硼素、磷酸二氢钾等,以确保油茶的健康生长。

水分管理是油茶栽培管理中的重要组成部分。2021—2022年间,持续的高温干旱天气证实了建设水肥一体化设施的重要性。这种技术是实现"良种+良地+良法"有机结合的关键技术,是大幅度降低高温干旱不利影响、保持油茶林丰产稳产的重要法宝。例如,湖南省醴陵市三思油茶专业合作社、浏阳市镇头镇好韵味油茶专业合作社等地通过强化水肥一体化建设,节约了50%的人工成本,每亩增产10%~20%。目前,油茶林灌溉设备及灌溉设施处于起步建设阶段。得益于中央财政油茶产业发展奖补项目的支持,各油茶产区开始重视并支持水肥一体化设施建设。例如,江西省发布《油茶成林水肥一体化滴灌技术规程》(DB36/T 1307—2020),湖南省印发《油茶林水肥一体化技术实施方案(试行)》。当前,油茶水肥一体化技术以微喷、滴灌和喷灌为主。

## 四、油茶病虫害防控

2023年,油茶病害主要包括软腐病、炭疽病、茶苞病等,虫害主要包括油茶毒蛾、油茶象等。整体上,油茶病虫发生率较低。2024年,要做好对油茶软腐病、炭疽病、茶苞病、油茶毒蛾、油茶象、叶蜂等病虫害的防控。在病虫害防治方面,应优先采取营林措施,结合生物防治、物理诱捕、化学防治等手段进行综合治理。

## 五、油茶果采收与初加工

油茶果采收以人工为主,辅以简单的工具,油茶采摘机械装备研发正在有序进行中。2022年,国家林业和草原局启动"油茶采收机械研发"揭榜挂帅项目,该项目依托国家林草局哈尔滨林业机械研究所、中国林业科学研究院亚热带林业实验中心等科研院所的科研力量以及一些林机装备企业、油茶种植户的实践经验，2023年试制出轻简移动式油茶采收机、便携式油茶果装置、油茶果单轨运输车、4CLY-100油茶果采收机、便携式油茶果分层采摘装置、轻便式油茶果振动采摘装置、便携式柔性梳刷采打机、人工助力式林果收集装置以及油茶林抚育清林装备等20余种装备。目前，科研人员对油茶采收机械的全域应用场景、采收技术难题、林机林艺融合、成本控制等实际问题进行持续科技攻关和调试工作，以期能够提升油茶采摘机械化水平，助力油茶产业高质量发展。

油茶果初加工水平有显著提升，由传统每家每户晾晒逐步发展到机械剥壳烘干。湖南省发布了《油茶果初加工与茶籽仓储交易中心建设指南（试行）》，已在全省建设一批油茶果初加工与茶籽仓储交易中心，包括油茶脱壳、清选除杂、烘干等设备，具备日处理油茶果100吨以上的能力，烘干后油茶籽质量符合国家标准《油茶籽》（GB/T 37917—2019）要求。江西、贵州等地也在积极推进油茶果初加工中心建设，全力提升油茶果初加工水平。

# 第二节　加工情况

## 一、茶油加工

### （一）茶油产量

根据《中国林业和草原统计年鉴（2022年）》，2022年全国油茶籽产量294.62万吨，茶油产量64.92万吨。在全国油茶主产省（区、市）中，湖南、江西和广西茶油产量位居前三，分别为231686吨、132961吨和76924吨，3省（区）茶油产量为441571吨，占全国茶油总产量的68.02%。全国茶油加工小作坊14347家，茶油加工企业达到1852家，其中，规模以上企业424家。根据全国绿化委员会办公室发布《2023年中国国土绿化状况公报》，2023年全国茶油产量达到80万吨。

表1-2　全国油茶籽和茶油产量

| 地区 | 2021年油茶籽产量（吨） | 2021年茶油产量（吨） | 2022年油茶籽产量（吨） | 2022年茶油产量（吨） |
|---|---|---|---|---|
| 湖南 | 1716414 | 413520 | 964626 | 231686 |
| 江西 | 698116 | 171150 | 583956 | 132961 |
| 广西 | 454829 | 104420 | 351668 | 76924 |
| 湖北 | 257624 | 44642 | 265076 | 56875 |
| 广东 | 177662 | 39071 | 179745 | 41211 |
| 福建 | 165321 | 19541 | 171215 | 22192 |
| 浙江 | 94442 | 23848 | 96816 | 21565 |
| 贵州 | 89133 | 18984 | 102877 | 18621 |
| 安徽 | 129592 | 25358 | 85807 | 14992 |
| 河南 | 61193 | 12315 | 55773 | 13536 |
| 云南 | 29802 | 6111 | 35332 | 7434 |
| 四川 | 28402 | 3834 | 15594 | 3844 |
| 陕西 | 17536 | 3435 | 18226 | 3525 |
| 重庆 | 15560 | 2577 | 16455 | 3177 |
| 海南 | 6750 | 578 | 2705 | 639 |
| 江苏 | — | — | 320 | 7 |
| 总计 | 3942376 | 889384 | 2946191 | 649190 |

## （二）茶油脂肪酸组成及活性物质

茶油的脂肪酸成分主要包括饱和脂肪酸、单不饱和脂肪酸油酸、多不饱和脂肪酸及其他脂肪酸。根据国家标准《油茶籽油》（GB/T 11765—2018），茶油不饱和脂肪酸含量高达90%，其中，油酸含量达68%~87%。此外，茶油中含有维生素、植物甾醇、角鲨烯、山茶苷和茶多酚等多种生理活性物质，具有较高的营养价值。如《湖南茶油》（T/HNYC 001—2019）明确生育酚含量≥35毫克/千克、角鲨烯含量≥50毫克/千克；《江西山茶油》（T/JOPA 0001—2021）明确维生素E含量≥60毫克/千克、角鲨烯含量≥40毫克/千克；《贵州山茶油》（T/TSSP 047—2023）明确角鲨烯含量≥30毫克/千克；《广西优质山茶油》（T/GXYC 001—2022）明确生育酚含量≥35毫克/千克；《浙江山茶油》（T/ZFPA 001—2023）明确维生素E含量≥100毫克/千克。

表1-3　茶油脂肪酸组成及含量

| 项目 | | | 指标 | 标准 |
|---|---|---|---|---|
| 相对密度（$d_{20}^{20}$） | | | 0.912～0.922 | GB/T 11765—2018 |
| 主要脂肪酸组成（%） | 豆蔻酸（C14:0） | ≤ | 0.8 | |
| | 棕榈酸（C16:0） | | 3.9～14.5 | |
| | 棕榈一烯酸（C16:1） | ≤ | 0.2 | |
| | 硬脂酸（C18:0） | | 0.3～4.8 | |
| | 油酸（C18:1） | | 68.0～87.0 | |
| | 亚油酸（C18:2） | | 3.8～14.0 | |
| | 亚麻酸（C18:3） | ≤ | 1.4 | |
| | 花生酸（C20:0） | ≤ | 0.5 | |
| | 花生一烯酸（C20:1） | ≤ | 0.7 | |
| | 芥酸（C22:1） | ≤ | 0.5 | |
| | 二十四碳一烯酸（C24:1） | ≤ | 0.5 | |

## （三）主要制油加工技术

### 1. 热榨法

热榨法是一种比较传统的压榨工艺，是指油茶籽经过高温蒸或烘、炒的预处理工序，再借助机械外力作用，将油脂从油料中挤压出来的制油方法。适用于各产区小型作坊，该法要注意环境卫生和原料分选等环节。

生产中应用比较多的是间歇式压榨工艺。通过分选设备或以人工挑选，获得质量达标的油茶籽。接着，将油茶籽烘干。干燥后的油茶籽进行粉碎、蒸制，再将蒸制好的油茶籽粉包裹和定型，定型后将油茶饼放入液压机中进行挤压。间歇式压榨工艺流程为：原料→清理除杂→干燥→粉碎→蒸胚→制饼→压榨→油茶籽油。

### 2. 室温压榨

室温压榨工艺主要包括油茶籽除杂、干燥、脱壳及仁壳分离、压榨和毛油净化处理等工序。油茶籽脱壳处理后,无须高温蒸炒,直接通过螺旋压榨获得毛油,毛油仅需过滤和适度精炼即可获得室温压榨茶籽油。该法是现代小作坊和龙头企业的主流技术工艺。典型的室温压榨工艺流程为:油茶籽→清理除杂→低温干燥→剥壳→调质→室温压榨→过滤→适度精炼→成品油。

### 3. 溶剂浸出法

浸出法取油的基本过程:用溶剂把油茶饼粕浸没,使油脂溶解在溶剂内,形成溶剂与油的混合液,然后将混合液与固定残渣(即湿粕)分离,对分离所得的混合油,再按照沸点的差异进行蒸发和汽提,使溶剂完全汽化与油分离,从而制取得到浸出毛油。

浸出法制油工艺包含溶剂浸出制取溶剂与油的混合液、混合液蒸发和汽提处理、固定残渣的脱溶和烘干、溶剂回收等四个工序。

### 4. 超临界 $CO_2$ 萃取法

超临界$CO_2$萃取技术是利用超临界流体的溶解能力与其密度的关系,即利用压力和温度对超临界流体溶解能力的影响而进行的。将超临界$CO_2$萃取技术用于油茶籽油的制备不仅可以实现低温深度绿色萃取,还能得到高品质的油茶籽油和综合利用附加值很高的萃余物(副产物),易于实现原料的高值化全利用。目前在湖南、广东和贵州等地有企业应用,如湖南和广生物科技有限公司等。

二氧化碳($CO_2$)的临界温度低,为31.06℃,临界压力适中,为7.39MPa。特别是$CO_2$的临界密度为0.448g/cm³,是常用超临界溶媒中最高的(合成氟化物除外)。此外,$CO_2$为无色、无味、无毒、无害、不燃烧、不爆炸的化学惰性物质,对人体安全,对环境友好。

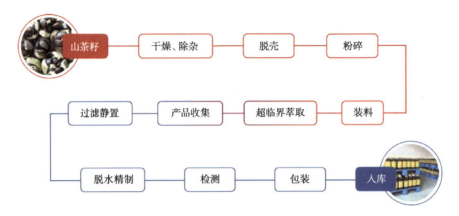

图1-1　超临界CO$_2$萃取茶油全工艺流程

### 5. 亚临界流体萃取法

亚临界技术又称近临界流体萃取，是一种新型萃取与分离技术，可广泛应用于各种油脂的制备，低温、无毒、无害，工艺过程环节对热源需求总量较少，能够最大限度保留提取物的活性成分不破坏、不氧化。该法在河南应用，如河南亚临界生物科技有限公司等。

亚临界流体萃取的具体工艺流程一般分为四部分：一是原料的预处理部分；二是亚临界萃取部分；三是亚临界流体的蒸发和回收利用；四是辅助的供水供气部分。

### 6. 油茶鲜榨

鲜果鲜榨工艺选择新鲜的油茶果，直接脱皮后破碎制浆，然后再将浆液分离提油，所得油茶籽油原汁原味地保留了油茶果的生物活性物质，具有特定营养价值。该法在湖南等地应用，如湖南大三湘茶油股份有限公司等。

鲜果鲜榨制油工艺属于连续式的，具体工艺流程为：鲜茶果→清理（去杂）→分级→机械脱蒲→鲜油茶籽→清洗→破碎→颗粒油茶籽→压榨制浆→浆液→破乳→分离→毛油→脱水→过滤→鲜果油茶籽油。

### 7. 水酶法制油

水酶法制油技术是在水代法、水剂法制油技术基础上发展起来的一种新兴制油工艺技术，是通过添加生物酶预处理油料，使其出油量提高的一种制油方法。该法在湖南、安徽等产区有企业在应用，如安徽龙城集团公司等。

工艺流程为：油茶籽经破碎、研磨、酶解、灭酶、离心分离等工序得到乳油，乳油经破乳、离心分离等工序得到含水油茶籽油，再经真空脱水得到油茶籽油。

### （四）主要新产品

茶油新产品主要包括室温物理压榨茶油、鲜果鲜榨茶油、医用茶油、化妆品用茶油、茶油保健产品等。

## 二、油茶副产物加工

### （一）油茶副产物综合利用

油茶制油加工过程会产生果壳、饼粕等副产物，占油茶果总量的70%左右。油茶果壳含有大量的木质素、纤维素和半纤维素等，在工业上有广泛的用途，可以用来制糠醛、木糖醇、活性炭、有机肥、土壤改良剂等产品。油茶饼粕富含茶皂素、多糖、蛋白和其他活性物质，常用于开发蛋白饲料、活性剂等产品。例如，广东省利用油茶果壳研发出油茶果壳木塑板、刨花板等复合材料。江西省利用油茶果壳作为基质在油茶林地间种食用菌，经济效益显著。湖南省对油茶饼粕进行精深加工，开发出大批洗护、护肤、洗涤产品。

### （二）主要新产品

油茶副产物主要新产品包括洗护类、护肤类及其他产品。洗护类包括洗发粉、洁颜粉、茶籽粉以及洗发水、手工皂、沐浴露等个人护理产品。护肤类产品包括精华霜、茶油膏、面膜等。其他产品包括结构修饰型混凝土引气剂、油茶皂苷型油田泡沫剂等。

# 第三节　产业经营和融合模式

## 一、产业经营模式分析

### （一）农户自主经营

以家庭为单位进行分散经营，农户利用自留地或是承包土地种植油茶，在油茶果收获后自行出售油茶果（籽）或榨成土茶油出售，自负盈亏。优点：生产成本低，能充分利用劳动力。缺点：资金薄弱，抗风险能力差，农户对技术的掌握欠缺，管理水平参差不齐，产量有高有低。

### （二）大户承包经营

该模式是由具有一定经济实力和管理水平的大户，在分析、了解市场信息和产业政策的前提下，承包或者租赁当地其他林户的土地来大面积建设经营基地，自负盈亏。优点：相对农户自主经营来说，规模化和集约化程度较高，可充分发挥经营者在产业中的辐射、示范和带头作用，资金相对雄厚，承担风险能力相对强。缺点：收益率比农户自主经营模式要低，前期投入的资金、劳动力成本相对较高。

### （三）专业合作社经营

林民秉持自愿、平等、互助的原则通过联合组建或是土地入股等形式建立或参与专业合作社组织，社员共享信息和种植抚育等技术，统一规划、统一生产和销售活动，盈利所得依照合作协议或股份进行分配。优点：与农户经营相比，经营规模上、抗风险能力等方面都有较大提高，能够实现利益共享、风险共担的局面。缺点：容易出现利益分配不均等情况，对组建和运营管理要求较高。

### （四）公司经营

公司通过土地流转，租赁农户或者集体土地来种植经营油茶，以地租形式给予农户补偿。一般公司签订的土地租赁协议期限为30年，有的长达40年、50

年。优点：便于规模化、集约化经营；公司可以聘请当地农户从事生产、抚育等工作，农户可获得劳动报酬，学习公司的先进生产技能、管理理念，形成"双赢"局面。缺点：前期投入大、周期长，由于租赁土地期限长，可能存在土地升值等问题，导致农户与公司产生利益纠纷，对企业的资金、风险承受能力要求高。

### （五）"公司＋农户"经营

此模式鼓励农民以土地入股，与企业共同经营。在经营过程中，农户也可以通过参与企业的种植、抚育和采果等环节，以农户土地和工时进行计算，与公司分成。优点：与公司经营相比，资金投入相对较少，管理要求相对较低。缺点：随着种植规模扩大，公司管理农户难度随之加大，很难做到精细化管理，并且还可能会面临因盲目扩张而带来的市场风险。

### （六）庄园经营

此模式主要借鉴国外葡萄酒庄模式，将油茶产业与庄园经济相结合，采用统一的庄园建设标准和管理模式，带动农户发展以家庭农场为核心的适度规模经营，是油茶种植、加工、销售、品牌、文化、旅游等融为一体的综合性庄园经济体。优点：便于标准化、精细化管理，能够有效降低庄园主种植前期投资和风险，推进农民职业化，形成良好的利益联结机制，实现三产融合。缺点：对运营管理和技术要求较高。

## 二、产业融合模式分析

油茶一产主要指油茶种植，包括种苗繁育、油茶栽培、抚育采摘、林下经济等；二产主要指茶油及副产品加工及综合利用等，包括油茶籽预处理，压榨精炼，果壳、饼粕等副产物利用，产品包装；三产主要指油茶品牌、油茶文化、生态旅游等，包括品牌打造、文旅康养、油茶文创等。

油茶三产融合主要模式：

### （一）一二产业融合

就是利用工业工程技术、装备、设施等改造传统油茶产业，通过机械化、自动化、智能化的管理方式发展高效油茶产业。如生态油茶、精准种植抚育、智慧种植管理等。通过加强智能机械的应用，可以促进油茶一二产业融合，同时也能降低油茶种植及管理成本。

### （二）一三产业融合

服务业向油茶产业渗透，发展服务业的同时利用油茶基地的景观及油茶种植采摘等生产活动，开发观光旅游、休闲体验、康养研学等服务业态。如常见的油茶文化节、油茶丰收节、茶花节等，以及更深入的油茶基地康养、油茶庄园等体验。

### （三）二三产业融合

以茶油加工过程、油茶产品展示、油茶产品体验为主要参观内容，通过三产的文创、文旅活动带动油茶产品的加工、创意，把油茶产品转化成旅游消费产品。

### （四）一二三产业融合

通过特色小镇、油茶产业园、油茶田园综合体等载体，展示体验油茶生态休闲、旅游观光、文化传承、教育体验等功能。最典型的有智慧油茶工厂、油茶庄园体验观光、柔性化生产的C2F（消费者到工厂）等模式。这些模式全方位地让消费者参与到油茶种植、加工、销售等多个环节。

# 第四节　品牌与营销

## 一、品牌建设

国家林业和草原局成立了林业品牌工作领导小组，加快推进林业相关产业品牌建设；中国林业产业联合会木本油料分会成立中国茶籽油品牌集群，促进茶籽油质量和价值的提升。据统计，全国现有42个油茶产品获国家地理标志保护产品和国家地理标志证明商标的认证，打造了"湖南茶油""江西山茶油""广西山茶油""粤林茶油"等四个省级公用品牌以及中国茶油"十大知名品牌",创建了200个具有区域竞争力的茶油知名品牌,已初步构建以茶油公用品牌为引领,区域特色品牌、企业知名品牌为一体的国家茶油品牌体系,引领油茶产业高质量发展。

图1-2 "湖南茶油"公用品牌

图1-3 "江西山茶油"公用品牌

图1-4 "广西山茶油"公用品牌

图1-5 "粤林茶油"公用品牌

## 二、产品营销

### (一)茶油市场价格分析

茶油市场价格和产地、品质、产量、品牌、市场供求关系等因素有密切关系。从全国市场来看,油茶籽价格波动较大,根据新华油茶籽指数分析,2019年12月至2023年12月,油茶籽采购报价在13200~23400元/吨之间波动,2023年12月,各地区重点油茶企业含油率25%以上的油茶籽采购均价在16750~19700元/吨之间,全国重点省区油茶企业含油率25%以上的油茶籽采购均价报19257.34元/吨。

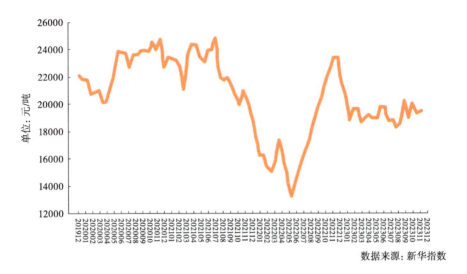

图1-6　2019年12月—2023年12月全国油茶籽采购均价走势

　　根据新华指数，从2019年到2022年期间，全国茶油市场价格为10万~16万元/吨，最低价近8万元/吨，最高价近15.5万元/吨。2020年茶油需求疲弱，因而价格相对较低。2020年以来，全国油茶精炼油价格总体呈波动上扬走势。2022年茶油市场基本保持价格稳定。"新华·中国油茶产品价格指数（常山发布）"数据显示，2023年3月至2023年12月，全国精炼油（压榨一级）价格指数为907.28~1005.53。

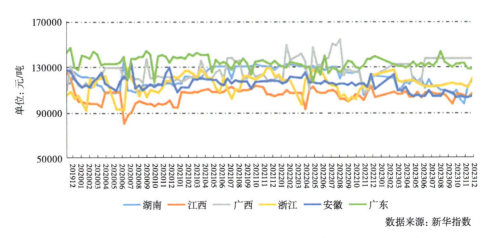

图1-7　2019年12月—2023年12月油茶主产区油茶精炼油出厂均价走势

## （二）茶油销售收入分析

我国加大对茶油行业的扶持力度，在市场需求攀升及政策利好形势下，油茶种植面积呈现平稳上升趋势，茶油销售规模也随之扩大。整体上，除2020年受到疫情的影响外，茶油销售收入呈现出上升的态势。2022年全国茶油行业市场销售收入同比增长7.1%。根据预测，未来中国茶油市场规模将以约2.4%的增速进行复合增长，到2027年，中国茶油行业市场规模将超过1250亿元。

数据来源：国家林业和草原局

图1-8　2014—2022年中国茶油行业市场销售收入及增速

## （三）茶油副产物产品市场现状分析

茶油副产物主要包括茶枯饼、茶籽壳等剩余物，枯饼市场价格1800元/吨，茶壳市场价格249元/吨，合计市场规模达到2000多亿元。茶枯饼主要用于提取茶皂素，提取完茶皂素的余粕中，还含有12%~16%粗蛋白、30%~50%淀粉和较丰富的木质素，饲用价值很高，稍作加工即可作为禽、畜、鱼的优质饲料。另外，茶籽壳中含有单宁、糠醛等，可用来制造烤胶、糠醛、优质活性炭等化工原料，市场前景广阔。随着茶油副产物开发技术日益成熟，应用领域也日益拓展，茶油副产物产品市场也将随之扩大。

## 第二章

# 油茶产业发展外部环境

2008年首届全国油茶产业发展现场会在湖南召开，自此，我国油茶产业进入快速发展时期，油茶种植面积不断扩大，产量和产值不断增加。2019年习近平总书记到河南信阳市考察时强调，利用荒山推广油茶种植，既促进了群众就近就业，带动了群众脱贫致富，又改善了生态环境，一举多得。要把农民组织起来，面向市场，推广"公司+农户"模式，建立利益联动机制，让各方共同受益。要坚持走绿色发展的路子，推广新技术，发展深加工，把油茶业做优做大，努力实现经济发展、农民增收、生态良好。这为我国油茶产业发展提供了新的指引，自此标志着我国油茶产业发展迎来了第二次良好的发展机遇，随后国家出台了一系列促进政策，为全国油茶产业高质量发展提供了良好的政策保障条件。

# 第一节　政策环境

## 一、国家层面

习近平总书记高度重视油茶产业发展，多次作出重要指示。党的十八大以来，一系列加快油茶产业发展的扶持政策相继出台，油茶作为大宗油料作物之一，纳入国家食用植物油安全战略，并在粮食产业经济发展的顶层设计中得到支持。各地、各部门认真贯彻落实习近平总书记的重要指示精神和党中央、国务院的决策部署，从政策、资金和保障方面，全力支持油茶产业发展，推动了油茶产业新一轮的快速发展。

2020年，国家林业和草原局发布了《油茶产业发展指南》。国家发展和改革委员会、国家林业和草原局等十部委联合发布《关于科学利用林地资源 促进木本粮油和林下经济高质量发展的意见》。2021年，国家林业和草原局印发《"十四五"林业草原保护发展规划纲要》，明确提出推广高产优质种苗和适用种植技术，推进低产油茶林改造。2022年初，国家林业和草原局发布《林草产业发展规划（2021—2025年）》，进一步明确了油茶产业的重点布局。2023年，国家林业和草原局、国家发展和改革委员会、财政部联合印发《加快油茶产业发展三年行动方案（2023—2025年）》和《中共中央、国务院关于做好2023年全面推进乡村振兴重点工作的意见》提出，支持木本油料发展，实施加快油茶产业发展三年行动，落实好油茶扩种和低产低效林改造任务。

## 二、地方政府

### （一）湖南省

湖南省人民政府办公厅印发《湖南省财政支持油茶产业高质量发展若干政策措施》（湘政办发〔2021〕33号），明确提出要支持开展油茶种植提质改造、支持油茶经营主体扩大再生产、支持加大油茶产业研发投入、支持创新油茶产业金融产品、支持"湖南茶油"公共品牌建设、支持发挥油茶产业协会作用、支持油茶产业人才队伍培养、建立资金统筹协同长效机制，充分发挥财政在优化配置油茶产业发展资源、培育壮大油茶千亿产业中的引导作用。湖南省委将油茶生产任务写入省委一号文件，以此带动油茶产业发展。湖南省先后有7个市州38个县（市、区）以党委或政府的名义出台加快油茶产业发展的意见。湖南省林业局、省发展和改革委员会、省财政厅联合印发《湖南省油茶产业发展三年行动方案（2023—2025年）》（湘林经〔2023〕5号），明确了总体要求、行动目标、发展布局、重点任务和保障措施。湖南省自然资源厅、省林业局联合印发《关于保障油茶生产用地的通知》（湘自资发〔2023〕13号），从保存量、扩增量两个方面入手，保障油茶扩面提质用地需求。《湖南省促进油茶产业发展若干规定》出台，标志着湖南油茶产业发展迈入法制化、规范化新阶段。

### （二）江西省

江西省2020年出台的《江西省人民政府办公厅关于推动油茶产业高质量发展的意见》（赣府厅发〔2020〕39号）提出，到2025年，大力实施千家油茶种植大户、千万亩高产油茶和千亿元油茶产值的"三千工程"建设目标，明确给予油茶新造1000元/亩的资金补助、油茶改造600元/亩的资金补助。

2023年，江西省委办公厅、省政府办公厅印发《江西省推动油茶产业高质量发展三年行动计划（2023—2025年）》（赣办发〔2023〕15号），坚持从种植端发力，推广良种良法，提高油茶产量；从加工端发力，优化初加工，推进精深加工，培育龙头企业，完善产业链条；从营销端发力，满足消费者多层次、多元化需求，让油茶产品走俏高端市场，构建种植生态化、集约化，加工规范化、现代化，产品品牌化、高端化的油茶产业发展新格局。到2025年，江西省油茶林总面积力争达到1988.6万亩，其中高产油茶林面积达到1000万亩，山茶油产能达到45万吨，综合产值突破1000亿元，产业综合实力显著提高。

## （三）广西壮族自治区

2023年，广西壮族自治区林业局、发展和改革委员会、财政厅印发《广西加快油茶产业发展三年行动方案（2023—2025年）》（桂林发〔2023〕3号），重点开展加快建设高标准油茶林、加强良种壮苗培育、强化科技创新推广、加快收储中心建设、推进产业示范园建设、培育新型经营主体、开拓油茶消费市场等七项重点任务，完成国家安排任务、实现油茶"双千"计划为目标。

2023年，广西壮族自治区人民政府办公厅印发《广西万亿林业产业三年行动方案（2023—2025年）》（桂政办发〔2023〕35号）。明确提出推进油茶产业延链增效的建设任务。建设香花油茶等良种采穗圃，大力推广香花、岑软等系列优质高产油茶良种使用，扩大油茶高产高效林新造规模，加大低产低效林改造力度。推广"油茶＋N"复合经营模式，提高油茶经营效益。提升油茶精深加工水平，加快化妆品用油、医药用油、洗护用品、茶皂素、茶粕蛋白等油茶系列产品的研发和生产。推进油茶冷链、仓储、物流等配套设施建设，促进油茶全产业链发展。探索推动将茶油列入粮油收储范围。

## （四）湖北省

2022年9月，湖北省林业局、省财政厅、自然资源厅、农业农村厅、中国人民银行武汉分行共同印发了《湖北省油茶产业扩面提质增效行动方案（2022—

2025年)》。行动方案明确指导思想、基本原则、目标任务,将油茶产业发展纳入乡村振兴战略和林长制考核范围,将任务进行了分解落实,压实地方政府责任,重点采取精准摸底、科学规划、挂图作战、科学种植、精准低改、落实主体、种苗保障、科技引领、延链、强链等工作举措推进油茶产业扩面提质增效行动。明确到2025年,湖北省完成新造油茶210万亩、低改油茶146万亩,湖北省油茶种植总面积达到642万亩;到2025年,湖北省油茶干籽亩平均产量提升到75千克以上,油茶籽总产量32.4万吨,比2021年增长26%;培育1个全国知名油茶品牌,全省油茶全产业链产值达到500亿元以上。明确统筹整合资金支持油茶扩面提质增效行动,新造林按1000元/亩,低产低效林改造500元/亩标准落实油茶生产补贴资金,省级财政每年安排5000万元油茶专项资金,从植被恢复费中安排资金明确用途支持油茶生产,强化统筹整合力度,统筹其他相关资金支持发展,市、县级政府出台相关政策,统筹整合资金支持油茶产业扩面提质增效行动。

## 第二节 技术环境

### 一、油茶品种创制

2012年《油茶良种选育技术》(GB/T28991—2012)发布,并在2020年修订完善,形成了《油茶良种选育技术规程》(GB/T 28991—2020)。规程对普通油茶及近缘种的选择育种、杂交育种、试验测定、区域试验等基本技术要求进行了规范,对不同类型油茶良种的果实产量(包括单位冠幅面积产量、干鲜出籽率、含油率等)、油脂品质、果实感病情况等指标进行了规定,为油茶良种选育提供了参考依据。截至2023年,累计审定油茶良种71个,其中,2002年审定数量2个,2005年审定数量3个,2006年审定数量3个,2007年审定数量11个,2008年审定数量29个,2009年审定数量8个,2010年审定数量5个,2011年审定数量3个,2021年审定数量3个。

油茶育种方法也由传统的选择育种、杂交育种、辐射诱变育种等，逐步拓展到应用新兴育种技术培育新品种，如细胞融合育种、分子设计育种和航天太空育种等。如，细胞育种和分子育种，是将现代细胞和分子生物学技术应用到油茶品种创制的过程。这种技术能缩短育种周期，具有对目标性状进行定向改良的育种优势。目前在基因组测序、产量和品质形成、生物合成和代谢机理、抗逆性机制的揭示以及功能基因挖掘等方面做了大量的积累。中国林业科学研究院亚热带林业研究所以二倍体油茶为对象，通过三代测序技术，成功构建了一批油茶近缘种全基因组图谱，并明确了油茶的起源和演化机制。新技术的应用为今后新品种培育打下了良好基础。

## 二、芽苗砧嫁接技术

芽苗砧嫁接技术成功应用于油茶苗木的繁育。这项技术是将嫁接苗直接定植或移栽到容器中进行培育，并对容器规格、基质筛选以及嫁接技术等相关条件不断优化整合。既缩短了苗木的培育时间，又提高了嫁接苗成活率和苗木的生长量。根据《油茶》（LY/T 2023—3355）行业标准，2年生容器苗出圃规格，苗高≥40cm，地径≥0.35cm，有完整侧根，生长势旺，芽饱满，无明显病虫害；3年生容器苗出圃规格，苗高≥65cm，地径≥0.75cm，侧根不少于6根，生长势旺，芽饱满，无明显病虫害，侧根舒展。油茶生产推荐使用2~3年生容器苗，这样的苗木能提高造林质量，促进油茶速生丰产。

## 三、油茶丰产栽培技术

在油茶栽培研究方面，针对油茶配方施肥、整修修剪、地表覆盖、立体经营和有害生物防控等技术开展了大量研究，研发出配方肥、保花保果素、除草覆盖垫等专利产品，形成了油茶肥水管理技术、油茶树体培育技术、油茶有害生物防控技术、油茶辅助授粉技术、油茶复合经营技术、油茶低产林改造技术等。《油茶》（LY/T 3355—2023）行业标准明确了油茶林作业设计要求，盛果期茶油年均产量600千克/公顷以上，品种选择及配置2个以上，栽植密度以53~74

株/亩为宜,有完善的道路、水源、灌溉设施、管护房等配套基础设施。例如江西省林业科学院形成的油茶幼林水肥一体化成果表明,水肥一体化技术对油茶幼树树高、冠幅、地径生长有显著的促进作用;湖南省常宁市油茶水肥一体化喷灌技术示范基地,2023年亩产鲜果突破1000千克。

## 四、油茶加工技术

油茶籽制油加工包括油料预处理、油脂制取和精炼3个主要环节。油茶籽油的制取工艺目前主要包括传统热榨制取工艺、室温压榨制取工艺。基于双螺旋压榨的低温制取工艺,工艺过程简明,有利于规模化连续生产,且成品油和饼粕质量较高,饼中残油率小于4%,已逐渐成为油茶籽油制取最常用的工艺。油茶籽油压榨工艺制取的茶油颜色较浅,酸值、过氧化值比热榨茶油低,且油酸及维生素E、角鲨烯等活性物质保存较好。热榨油茶籽油中的挥发性成分种类较多且丰富。

同时,油脂科技工作者不断吸取和借鉴国内外先进的油脂加工理论和技术,集成创新,研发出了一系列油茶籽油专用制油新技术,包括水酶法、鲜果鲜榨、超临界$CO_2$萃取和亚临界萃取等,这些工艺的主要优势在于它们能有效保全油茶籽油的营养成分,减轻后续精炼工艺压力,同时加工剩余物中营养品质得到更全面保留,有利于对其高效高值利用。

## 五、油茶副产物综合利用技术

油茶果壳可以加工成颗粒或者粉状活性炭、锂离子电池的负极、有机肥等,从油茶饼粕中提取的多酚类抗氧化剂、多糖、蛋白、茶皂素和其他活性物质等研究成果已广泛应用。例如,研发的油茶全粕植物源农药,用于湖区血吸虫防治、灭钉螺效率98.0%;研制油茶壳基多孔吸附材料,产品达到国家标准《木质净水用活性炭》(GB/T 13803.2—1999)优等品要求。

# 六、油茶机械装备研发与利用

## （一）嫁接育苗机械

国家林业和草原局哈尔滨林业机械研究所研制的BYJ—600型油茶苗木自动嫁接机解决了劈接法在自动嫁接中的技术难题，实现了油茶苗木的自动嫁接。在此嫁接机的基础上，又研制出了硅胶苗夹式的BYJ—800型油茶苗木嫁接机，该设备在硅胶套管固定方式的基础上，对接穗和砧木对中完成后的固定方案做了进一步改进，将硅胶套管方式固定改为硅胶苗夹方式固定，使苗木嫁接的稳定性更高。

BYJ—800型油茶苗木嫁接机主要在砧木、穗木对中机构和固定机构上进行了改进。其中，对中机构采用了移动平台设计，使砧木、穗木的进给定位和对中定位更加精准，解决了对中过程中由于定位不准导致的嫁接不成功的问题；在嫁接完成后的固定机构中采用了硅胶苗夹的固定方式，增加了扶正块的设计，改进后的这种结构可使苗木嫁接工作更加稳定，嫁接完成后对嫁接接口的固定也更加稳固。该机能够适应标准化生产工艺作业模式，可实现砧木和穗木苗的自动传递、切削、对中插接、固定等机械化作业，实现苗木的自动嫁接，两套作业系统分别采用硅胶苗夹和铝箔固接方式。

## （二）除草机械

油茶除草使用的机械有中耕除草机、割灌机、垦复机等。除草机按作业形式可分为铲式除草松土机、株行间除草松土机、旋耕式除草机。国家林业和草原局哈尔滨林业机械研究所研制的5YCS型幼林抚育机，采用缺口圆盘作为工作装置，可在林木行间进行松土、培土及除草作业，配套动力为拖拉机，连接方式为三点悬挂式，耕深50～100毫米，作业幅宽2000毫米。割灌机基本上采用侧挂手持式，由刀盘、发动机、刀片（绳）、扶手、控制系统等部分组成，刀片（绳）利用发动机输出的动力高速旋转切割杂草。这种割灌机具有结构简单、轻便、机动灵活等特点。

### （三）垦复施肥机械

油茶垦复施肥使用的机械有链条式和履带式。徐州市农机技术推广站研制出1K−500自走式果林施肥开沟管理机，该机采用13.2千瓦的手扶拖拉机作为配套动力，作业时，经传动装置将动力传输到开沟刀轴上，利用链条带动道具旋转实现开沟，开沟深度为500毫米，宽度为300毫米，作业效率为150米/时。

国家林业和草原局哈尔滨林业机械研究所研制的油茶垦复机采用履带式行走结构，前悬挂卧式旋耕刀轴，垦复宽度600毫米，最大垦复深度150毫米。油茶施肥机械通常采用中耕施肥机、开沟施肥机等。

### （四）油茶果采收机械

我国油茶果机械化采摘研究发展迅速，主要集中在振动式采摘机、齿梳式采摘机、液压驱动、智能化油茶果采摘机器人等方面。国内相关研究机构加大了油茶果采摘机械研发力度，陆续取得了一些成果。江西农业大学研究的分层式油茶采摘技术，可实现采净率90%左右，花蕾损伤率小于10%，为油茶果的高效、低损采收奠定了部分技术基础。南京林业大学在油茶等经济林果采摘机器人领域进行了探索性研究，可实现果实识别成功率90%以上。国家林业和草原局哈尔滨林业机械研究所研制的轻简式油茶采收装置，可实现高度300毫米以上的树木主干夹持。中南林业科技大学研制的自行走振动式油茶采收机器，采收效率可达40株/时以上。湖南省林业科学院研发出具有爪形齿梳机构及激振器的轻简采摘设备，能够实现油茶果机械化整树采摘，果实采摘率91.2%，损花率18.2%。

### （五）油茶果脱壳机械

脱蒲清选主要有两种。一种是先脱蒲清选再烘干，即堆沤后的鲜果直接机械脱蒲，茶籽从果蒲中脱离，然后进行清选，分离果蒲和茶籽，最终烘干油茶籽。另一种是先烘果爆蒲再清选，即堆沤后的鲜果先烘干爆蒲，再经过机械清选实现蒲籽分离，最后将油茶籽打包入库。

江西省农业机械研究所研制的平面床式油茶蒲籽清选机在江西、湖南、浙江等地得到了广泛推广，该机由齿光辊对辊式清选机构、扫籽机构、内外板可拆式轴承座、出蒲机构、动力及传输部件、出籽口、床式机架构成。经生产试验测得技术指标为：产量≥2吨/时，破籽率≤3%，损耗率≤2%，籽中含蒲率≤5%。

山东明华公司基于齿光辊清选技术研发的集茶果分级、脱蒲、茶籽初分及清选一体的青果脱壳机生产线，在广东省龙川县、江西省小批量推广，油茶果经提升机送入油茶果分级机构，该机构由间距从小到大的9根移动胶带并排组成，理论上是胶带数量越多茶果处理量越大。茶果在移动的两根胶带上滚动，胶带间隙由小到大渐变，不同大小的茶果在不同间隙段落下，实现分级。

国家林业和草原局哈尔滨林业机械研究所研制的"1GT—1500型油茶果分级脱壳机"，整机重量960千克，主机尺寸2750毫米×1100毫米×1600毫米，参数为：处理量1200~1500千克/时，脱净率≥97.2%，清选率≥98%，破损率≤3.1%。该机组的生产工艺流程、整体布局及结构和山东明华公司的设备如出一辙，不同之处在于脱蒲后振动筛由上下两层筛网组成，蒲籽混合物分成两级，清选机配置两台。该机械还处于试验调试阶段，尚未推广应用。

湖南省林业科学院和株洲丰科林业装备科技股份有限公司联合研制的6BC—3000C型油茶果脱壳干燥成套设备，集成了上料、剥壳、分选、干燥、包装及电气控制等机构，经第三方检测机构测得技术指标为：生产率≥3.0吨/时，剥壳率≥98%，选净率≥98%，损失率≤2%，油茶籽完好率≥97%，油茶籽含水率≤12%。该成套设备已在湖南、广东、广西等地推广应用。

湘潭鑫控机电科技有限公司油茶果热爆脱蒲及烘干成套设备，采用热风爆蒲的原理，通过可编程逻辑控制器（PLC）实现整套设备的流水线作业。在湖南、江西、广西、广东、四川、重庆等油茶主产区得到用户的认可，实测主要技术指标：爆蒲率≥98%，籽中含蒲率≤2%，蒲中含籽率≤1%。目前，在湖南、江西、广西、广东、四川、重庆等油茶主产区推广应用。

（六）油脂压榨机械

国内茶油压榨机械根据喂料方式可分为连续式、间歇式两种。连续式榨油设备主要是螺旋榨油机，按结构形式分为单螺旋压榨机和双螺旋压榨机。单螺旋压榨机对原料要求宽松,脱蒲后的油茶籽可剥内壳,也可不剥壳。单台处理茶籽量一般为1~5吨/天,适用于小型茶油加工企业连续压榨。双螺旋压榨机适用于处理含水率为5%~7%、温度为125℃左右的油茶籽或含水率为6%~9%的常温油茶籽,单台处理茶籽量一般为5~20吨/天,最大可达100吨/天,适用于中大型茶油加工企业连续压榨。间歇式榨油设备主要是液压榨油机,按结构形式分为立式与卧式两种,适合于小型榨油厂或家庭作坊使用。

## 第三节　市场需求

### 一、油茶种苗市场分析

根据《加快油茶产业发展三年行动方案(2023—2025年)》新造林和低产林改造任务量推算,2023年,全国完成油茶生产任务需苗木约6亿株。2023年,湖南省油茶良种苗木生产能力达2亿株以上,江西省油茶良种苗木存圃量约1亿株,广西油茶苗木存圃量约1.1亿株,湖北嫁接油茶良种苗木8067万株。江西境内2023年初油茶2年生容器苗为2.5~3.5元/株,而到了2023年底,已经涨价到4~5元/株。油茶种苗市场需求量较大。

### 二、消费者对茶油产品的认知与需求

油茶是我国的特有木本油料树种,其主要产品茶油是广大消费者了解油茶的一个最为重要的媒介。2023年江西省茶油产量约17万吨,远低于菜籽油产量34.52万吨。按江西省4500万常住人口计,茶油的人均年消费量仅3.78千克,而菜籽油的人均年消费量为7.67千克。仅从茶油的消费量上看可知我国的消费者对油茶的认知程度仍然处在一个比较低的水平。

食用茶油的消费者多集中在南方几个茶油主产区。油茶广泛分布在我国南方的多个省份,是南方最为主要的木本油料树种,其中湖南、江西和广西是油茶种植面积最广的三个省份,这几个省份的消费者对茶油的了解程度远高于北

方消费群体。

茶油消费者对茶油的功效认识不够。茶油中富含油酸、亚油酸等多种不饱和脂肪酸，还含有角鲨烯、维生素E、甾醇、多酚等多种营养成分，这些营养成分对人体健康均有促进作用。这些促进作用的研究目前停留在理论层面，了解这些研究的消费者相对较少。加之茶油功效的公益宣传不够广泛，大多消费者对茶油的具体功效了解不够。

茶油的市场销售价格也影响了消费者对茶油的认知程度。茶油的市场销售价格为每斤80~300元，这一价格区间比菜籽油、花生油、葵花籽油等常见食用油要高不少，其价格难以被普通消费者接受。因而，在市场拓展上存在一定的障碍。

## 三、茶油进出口贸易情况

在中国海关总署—海关统计数据在线查询平台，用商品编码15159040（商品名称：茶籽油及其分离品）查询，2023年茶籽油及其分离品出口85090千克，费用455.29万元；2023年茶籽油及其分离品进口30022千克，费用125.57万元。2023年，国际食品法典委员会（CAC）在国际食典《特定植物油标准》（CXS 210—1999）中添加油茶籽油，该标准由我国提出提案，并担任标准修定电子工作组主席国。近期，国际食品法典委员会公示了《油茶籽油》法典标准的征求意见稿。2018年，由浙江大学和浙江常发粮油食品有限公司提供的《美国食品化学法典（Food Chemicals Codex, FCC）油茶籽油标准》（CAS: 225233-97-6）已获美国药典委（United States Pharmacopeia，USP）批准出版发布。这些标准的制定有利于我国茶油走向海外市场。

## 第三章

# 油茶产业发展重点区域

保障粮油安全是"国之大者"。党的十八大以来，习近平总书记对粮油安全作出了一系列重要批示指示，明确了国家粮油安全战略，就端牢"中国饭碗"提出了一系列重要论述。2023年中央一号文件明确提出要"支持扩大油茶种植面积，改造提升低产林"，要以建设高标准油茶林为重点，着力抓好种植、低改、加工、市场全产业链协调发展，全面提高基地质量，提升茶油产能，推动油茶产业高质量发展。

# 第一节　湖南产区

## 一、政策资金支持

一是政策精准引领。湖南省政府先后出台《关于发展油茶产业的意见》《关于深入推进农业"百千万"工程促进产业兴旺的意见》，将油茶确定为实施乡村振兴战略的六个千亿产业之一。2021年7月，湖南省政府办公厅印发《湖南省财政支持油茶产业高质量发展若干政策措施》，从油茶林提质增效、科技研发、品牌建设等8个方面出台18条具体措施对油茶产业给予全方位支持。二是强化资金扶持。湖南省财政从2009年起就设立油茶产业发展专项资金，2023年支持高标准油茶示范基地、仓储中心建设、产业技术示范等，经费在6000万元以上。三是县（市、区）踊跃参与。湖南省很多县（市、区）把油茶产业作为发展县域经济的支柱产业和乡村振兴的重要抓手，长沙、衡阳、怀化、常德、娄底、湘潭等地都有具体推进措施和政策支持，掀起了油茶产业发展的热潮。

## 二、油茶基地建设

一是强化良种选育。已建成599亩国家级油茶种质资源库，'湘林210''湘林1号''湘林27号''华硕''华金''华鑫'6个良种列入全国油茶主推品种名录，精细化管理的基地每亩产油可达50千克。二是造改并举扩量。2023年以来，湖南省已新造油茶林6.62万公顷，改造低产林9.82万公顷。三是扶持示范带动。累计培育国家林业重点龙头企业8家、省级林业产业龙头企业159家。大力支持湖南省24个油茶产业发展核心县、50个重点县，创建衡阳、永州2个全国油茶产业发展示范市，邵阳油茶、衡阳油茶两个中国特色农产品优势区。打造52个现代油茶综合特色产业园，形成衡阳、永州等7个区域油茶产业集群。

永州是全国油茶产业发展示范市，现有油茶林面积350万亩，油茶加工企业301家，年加工能力15万吨。拥有全球单片面积最大的10万亩油茶示范林和油茶主题公园、国家级龙头企业湖南新金浩、首座中国油茶博览馆。全市现已构建永州南、北两个油茶产业群，衡枣高速、322国道、二广高速和厦蓉高速沿线油茶林产业带的"两群四带"格局。2022年，全市茶油产量7.8万吨，产值将近100亿元。

衡阳是中国特色农产品优势区、全国油茶产业发展示范市，油茶种植面积454.47万亩，年产油茶8.79万吨，年产值达253.14亿元。现有国家农林业重点龙头企业4家，"中国油茶百强企业"3家，省级林业产业龙头企业19家。集中打造了"衡阳市百里油茶产业示范带"，形成了"耒阳—常宁—祁东""衡东—衡山""衡阳—衡南"三大油茶产业集群，打造了"衡阳茶油"市级公共品牌、"常宁茶油""耒阳油茶"等县级公共品牌、"大三湘""神农国油"等行业知名品牌。

## 三、精深加工

一是生产加工能力不断增强。湖南省现有规模以上茶油加工企业139家，小微油茶加工企业819家，完成茶油小作坊升级改造340家，茶油年加工能力60余万吨。新建油茶果初加工与仓储交易中心34个，湘纯、新金浩等16家企业入选中国油茶产业"百强企业"。二是生产加工技术日渐成熟。油茶加工产业链、产品结构取得长足进步，室温压榨、鲜果鲜榨、二氧化碳超临界萃取等茶油加工工艺不断推陈出新，茶油精深加工能力逐步提高。三是产品类型日渐丰富。2023年，共有36家企业77款产品获使用授权，"湖南茶油"公用品牌队伍日趋壮大，涌现出大批茶油产品。此外，一大批医美、化工领域的企业跨界从事油茶副产物加工，油茶皂素、洗护品、高级保健品等多种护肤、医用产品得以开发应用。

## 四、品牌建设

一是强化品牌建设。初步构建以"湖南茶油"公用品牌为引领，地方区域特色品牌和企业知名品牌为一体的茶油品牌体系。"湖南茶油"先后获"中国粮油十大影响力公共品牌"和"中国木本油料影响力区域公用品牌"称号，入选"2022中国区域农业产业品牌影响力指数百强榜"。湖南省油茶现有中国地理标志证明商标7个、地理标志保护产品4个，大三湘、山润、贵太太、神农国油入选中国茶油"十大知名品牌"。二是线上线下拓展销售市场。线下推进"湖南茶油"实体门店运营，建成北京、长沙展示体验中心，入驻步步高商超。利用中部农博会及重点城市油博会等展会平台，举办首届湖南油茶节，全方位展示、提升"湖南茶油"公用品牌的影响力、知名度。线上开设"湖南茶油"天猫、京东旗舰店，举办"天猫正宗原产地""湖南茶油·这湘有礼之林下有宝贝"等直播带货活动，联合抖音开展"山货上头条·风味湖南""抖音茶油进万家"，举办抖音电商商家作者培育会、"乡村英才计划·木本油料企业电商实训营"，培养电商团队，数字化赋能"湖南油茶"公用品牌建设。三是加强监管强化质量。制订了《湖南茶油》团体标准，对"湖南茶油"授权产品进行严格监测和动态管理。启动实施茶油小作坊升级改造三年行动，布局建设油茶果初加工与茶籽仓储交易中心，从源头上确保产品质量，推动茶籽期货挂牌交易。

## 五、产业融合及经营模式

湖南油茶产业融合取得了较大进展。通过探索推行"油茶+文旅""茶油+餐饮""茶油+休闲食品"的产业营销模式，着力推动油茶产业与乡村振兴、人居环境提升、文旅开发紧密结合，打造茶油特色小镇名片。例如，湖南省首批农业特色小镇衡阳常宁市西岭油茶小镇核心区平安村,通过深挖"一棵树"的潜在价值,大力发展林下养殖业,形成一条"统一供苗、统一防疫、统一配料、统一标准回收"的茶山飞鸡产业链。长沙市重点建设的浏阳市镇头镇油茶特色小镇和浏阳湾弓坡首个油茶特色庄园,打造乡村旅游经典线路,推动红色文化、油茶产业与旅游等融合发展,已成为湘赣边乡村振兴区域合作示范的重要亮点。永州祁阳市三口塘镇唐家山油茶文化园成功创建国家3A级景区。全省大力推广"油茶+"种植模式,增加油茶种植效益。如:永州市零陵区湖南振江农业在新造油茶林套种粉防己、金果榄、南板蓝根、白蔹等中药材430亩;湖南科元盛农业在祁阳市新建油茶套种大豆、花生等经济作物300亩;汨罗市桃林寺镇大户吴安保套种藠头新造油茶300多亩;平江县加义生态林业新建油茶——迷迭香复合经营基地300多亩;湘西州的凤凰、古丈、保靖、永顺等县广泛推广油茶套种保靖黄金茶、苦荞、迷迭香、大豆、花生、辣椒等作物,"油茶+粮食作物/经济作物"等多种间作套种模式在湖南省广泛发展。积极推进产业模式创新。创新林地流转模式,形成了以"企业+合作社+基地+农户"、专业合作社、家庭农场、油茶庄园等多种形式,使企业和农户成为经济利益共同体。

## 六、科技创新与产业支撑

一是依托国家油茶工程技术研究中心、省部共建木本油料资源利用国家重点实验室和中国油茶科创谷等平台,开展油茶新品种培育、高效栽培技术、绿色高效加工与副产物综合利用技术、机械装备研发、茶油产品快速检测等研究示范。二是加强油茶标准体系建设与科技推广。制修订行业标准、地方标准和团体标准18项,加强标准宣贯,推进油茶全产业链标准化、规范化。三是加强油茶科技人才培养和先进实用技术推广,在生产一线建立一批油茶专业技术队伍,培养一批油茶"技术能手",支持组建油茶修剪、施肥、病虫害防治等专业技术服务公司,提高油茶种植专业化水平。2023年起为基层定向培养林业特岗人员,2023年本科招生350人,由中南林业科技大学培养,专科招生150人,由湖南环境生物职业技术学院培养,专业涉及林学、经济林、林业技术等。

## 七、社会服务组织

湖南省油茶产业协会支撑服务湖南油茶千亿产业健康发展。开展油茶产业宣传，通过湖南省油茶产业协会网站、微信公众号等服务平台及时推送政策法规、行业动态等资讯，为会员及行业提供信息服务；打造"湖南茶油"公用品牌；积极深入基层调研，挖掘茶油文化与典型事迹，出版《油茶》会刊。怀化、株洲等地成立了社会化服务公司、组织，以"专业化施工、综合性服务、机械化装备、市场化运作"要求，提供整地修枝、无人机喷施肥药、嫁接换种、集中采果等生产服务，缓解技术难、用工难的问题，提高生产效率与生产水平。

# 第二节　江西产区

## 一、政策资金支持

2020年以来，江西省政府为了推动油茶产业的发展，对符合《江西省油茶资源高质量培育建设指南》技术要求的新造和改造油茶项目，分别按1000元/亩、400元/亩的标准进行补助。据统计，2023年江西省已经统筹安排6.2亿元用于油茶种植。同时江西省政府为确保国家下达的2023—2025年油茶种植任务的完成，统筹安排乡村振兴资金、地方债等金融产品共计约30亿元用于油茶营造林任务，为三年行动方案建设任务的圆满完成提供了强有力的资金保障。

江西省委、省政府高度重视油茶产业高质量发展推动工作，江西省林业局牵头组织了油茶全产业链实地调研，针对油茶产业链中的关键环节、问题进行梳理，基本摸清了产业链持续健康发展的难点痛点。2023年，江西省委、省政府办公厅印发了《江西省油茶产业高质量发展三年行动计划（2023—2025年）》，明确提出了实施油茶资源扩面提质、产业转型升级及销售市场开拓三大行动，重点开展高产油茶示范基地建设、高产油茶科技综合示范站建设、油茶服务中心和油茶产业融合示范与数字化基地建设、油茶果初加工与茶籽仓储交易中心建设、山茶油加工小作坊改造升级、油茶科研创新专项、江西山茶油公用品牌宣传推广等重点建设任务，随后江西省林业局、江西省财政厅联合印发了《江西省油茶产业高质量发展三年行动计划（2023—2025年）重点项目建设指南》，对每项重点任务的建设标准、建设内容、奖补资金进行了明确。2023年第一批重点项目的奖补资金已经统筹安排了8475万元支持江西省97个重点项目实施。

2021年以来，赣州市县财政统筹安排超3亿元专项资金支持油茶产业发展，实施低产油茶林改造提升"一扶三年"政策，2023年出台《赣州市油茶示范基地建设和新造油茶林补助工作实施方案》《赣州市茶油小作坊规范提升行动实施方案》，明确油茶新造市级配套，奖补建设市级示范基地，启动推动茶油小作坊规范提升，建立全产业链扶持机制，推进油茶扩面提质增效。其中，2023年安排油茶改造提升专项资金2200万元支持油茶生产，推动产业提质增效。

吉安市利用中央财政奖补示范项目，统筹国家项目资金、省市配套资金共计32亿元倾力支持全市油茶产业高质量发展。

上饶市政府每年拨付400万元油茶专项资金用于油茶品牌建设、推广和茶油公益性检测。其中广信区连续几年拨付1000万元以上用于奖补，切实支持油茶产业发展。上饶市还制定出台了《上饶银行"惠农油茶贷"贷款管理办法》，可为种植户提供不超过主体投入成本70%、最高600万元额度的贷款。

## 二、油茶基地建设

江西省是我国油茶核心分布区和中心产区，油茶面积截至2023年底已经达到了1670万亩，其中赣州市、吉安市、宜春市和上饶市是油茶资源面积最多的4个县（市、区）。

赣州市围绕"扩规模、提质效、延链条、优品牌、强科技"的发展思路，构建全市油茶产业链发展模式。截至2023年底，赣州市油茶资源面积331.61万亩，年产茶油3.5万吨。2021—2023年，赣州市持续打造100个低产油茶林改造示范基地，总结出15个油茶高产示范基地供参观学习，并积极探索建设5个油茶机械化栽培示范基地，加快推广应用油茶机械运用和水肥一体化设施建设。2023年赣州市出台《赣州市油茶示范基地建设和新造油茶林补助工作实施方案》，明确提出再用三年时间打造出100个油茶示范基地。

吉安市油茶种植面积达206万亩，2023年产值达122亿元，约占江西省的24.4%。2023年成功申报了油茶产业发展中央财政奖补示范项目，结合项目实施过程，高标准打造水肥一体化基地。截至2023年底，全市建设油茶水肥一体化高标准基地0.53万亩。

上饶市委、市政府高度重视油茶产业发展，出台了一系列政策切实推动上饶市油茶产业发展提质增效。2020年，印发了《推动油茶产业高质量发展的实施方案》。2021年，制定出台了《上饶市油茶产业发展规划（2021—2025年）》（以下简称《规划》），《规划》根据全市油茶产业发展现状，坚持因地制宜、突出重点、稳步推进、分区施策的原则，确定了"一环三区"的油茶产业发展建设布局（"一环"：油茶产业发展核心环，包括广信、玉山、横峰、铅山、德兴和婺源；"三区"：三大油茶发展片区，包括资源培育区、文化旅游区和产业强化区）。截至2023年底，全市油茶林面积290万亩（其中高产油茶林102万亩），其中广信区、玉山县、横峰县和德兴市的油茶林面积占全市总面积的64.14%（分别为90万亩、35.48万亩、31.77万亩和28.76万亩）。全市高产油茶林面积达到500亩以上的种植企业（合作社）有60家；高产油茶林面积达到300亩以上、亩均年产油量达到30千克左右的示范基地有15个；低产油茶林改造示范基地有30个。

宜春市2022年油茶综合产值达到77.5亿元。在油茶资源方面，宜春市2022年底拥有油茶林面积约270.27万亩，约占江西省（2022年底1558万亩）的17.3%，其中高产油茶林面积约128.14万亩，占江西省（2022年底680万亩）的18.8%。全市有4个县（丰城、高安、宜丰、袁州）被列为油茶项目重点县，11个县（市、区）中有7个县油茶林面积超过10万亩。全市建立1万亩以上连片基地6个，5000~10000亩连片基地15个，1000亩以上连片基地18个；现有油茶种植大户79家,其中1000亩以上的31家。

## 三、精深加工

江西省现有油茶加工企业280多家,其中规模以上油茶加工企业24家、国家林业重点龙头企业16家、省级林业龙头企业74家。主要产品有茶油以及利用茶油、茶皂素生产的护肤、洗涤、生物农药等产品。其中:上饶恩泉油脂有限公司获批全国首家医药茶油生产许可证,生产的注射用茶油产品长期销售至省内外医药生产企业;铅山县的江西新中野茶业科技有限公司建成年产2000吨茶皂素的标准化生产线,公司生产的茶皂素已出口到海外20多个国家和地区,市场占有率高达30%。

江西省油茶精深加工企业主要分布在宜春市、赣州市和上饶市,其余县(市、区)较少。

宜春市油茶类国家林业重点龙头企业5家,国家油茶重点企业2家,省级林业龙头企业10家。年可加工油茶籽75万吨,其中具有一定生产规模的加工企业19家,年加工量1000吨以内的6家,1000~5000吨的8家,5000吨以上的5家。主要产品有茶油以及利用茶油、茶皂素生产的护肤、洗涤、生物农药等产品。江西星火农林探索出油茶产业微循环链,大大提高了油茶综合利用率和产品附加值。青龙高科油脂加工软塔技术达到国际先进水平。

上饶市现有2家国家级油茶龙头企业,3个油茶类中国驰名商标,10家规模以上油茶企业,325家油茶加工作坊,茶油年加工能力4.78万吨。油茶精深加工产品涵盖精制食用油、茶皂素、茶粕、保健用油、化妆用品、医药中间体等,主要销往北京、上海、杭州、南昌等国内市场和美国、法国、日本等国际市场。

赣州市在精深加工方面,把好原料到加工全过程质量关,制定油茶果实采收和处理技术指导规范,选用当季新鲜油茶果,推广筛选机械精选茶籽,保障茶籽原料质量。推广采用物理压榨、压榨精炼、水酶法等加工方式。引进培育了齐云山、友尼宝等13家精深加工企业,扩大精炼茶油产能。

## 四、品牌建设

江西在茶油品牌建设方面构建起了以"江西山茶油"区域公用品牌为引领，县（市、区）区域品牌、企业品牌为补充的茶油品牌体系。"江西山茶油"省级区域公用品牌于2021年正式实施，指导省油茶协会制定出台了《江西山茶油团体标准》《江西山茶油公用品牌标识管理办法》，对"江西山茶油"产品采取统一标准、统一包装、统一定价、统一营销、统一管理的经营模式，并建立每批次产品抽检机制，为保证产品质量，树立"江西山茶油"公用品牌的公信力和影响力提供了保障。为更好地宣传推广"江西山茶油"区域公用品牌，江西省林业主管部门筹资财政资金支持"江西山茶油"公用品牌并大力开展宣传推广活动，已经开通了"江西山茶油"高铁列车，在央视、抖音、头条、微博等多个媒体平台展示播出公益广告，全面展示了"江西山茶油"卓越的品质和丰富的品牌内涵，使得"江西山茶油"的知名度和影响力得到了有效提升。

"赣南茶油"成功入围江西省百强区域公用品牌，并获得品牌奖补300万元。为推动品牌发展，组织编制并获批实施《赣南茶油地理标志产品区域公用品牌建设实施方案》，积极组织参加2023年江西省农产品多渠道广告宣传活动。对接各类主体，搭建产销对接和品牌展示平台，先后成功举办"赣南茶油品牌北京专场营销（推介）会""抖音电商木本油料扶持启动会"。组织茶油企业参加油茶产品展示展销会、交易博览会、农超对接洽谈会和油茶产业（北京）招商暨政策说明推介会，做优做强品牌宣传和产品营销，提升品牌宣传质效。指导相关县筹备举办2023年赣南茶油国际博览会，借助文化力量、展现品牌魅力、助力产业发展。宜春市已先后荣获"全国油茶产业发展示范市""全国木本油料特色区域示范市"，宜春油茶地理标志证明商标已成功注册，袁州和丰城分别荣获"中国油茶之乡"和"中国高产油茶之乡"称号，青龙高科、星火农林、天玉油脂被中国林业产业联合会评选为"中国油茶百强企业"，"新田岸"牌茶油和"天玉"牌茶油被授予"中国茶油十大知名品牌"称号。上饶市和吉安市也分别建立了上饶山茶油、井冈茶油等区域公用品牌。江西山茶油与地方区域公用品牌通力合作，共同构成了江西省茶油品牌建设体系的框架。

## 五、产业融合及经营模式

为促进江西省油茶产业全面健康发展，在《江西省油茶产业高质量发展三年行动计划（2023—2025年）》文件提出实施的三大行动中，明确要求实施产业转型升级，推动开展江西山茶油庄园建设，促进油茶与文旅产业融合发展。江西山茶油庄园以油茶企业自建的油茶基地及相关配套设施为基础，通过大力推广油茶生态、有机种植理念，切实保障茶油产品品质；提升完善服务设施，上线旅游服务功能；加强茶油精深加工产品开发，提高茶油附加值；宣传推广茶油历史文化，弘扬茶油健康营养价值等措施来加快油茶产业与文旅产业和谐发展。目前江西境内运营较为成功的山茶油庄园有赣州南康区横市镇油茶庄园、上饶鄱阳德义源油茶庄园、宜春袁州区星火农林示范园等。

## 六、科技创新与产业支撑

江西省高度重视油茶科技创新工作，统筹财政资金设立油茶科研专项、乡村振兴（油茶）揭榜挂帅项目，从油茶种质创制到产品精深加工研发全产业链各环节均有涉及；同时鼓励油茶加工企业开展自我创新，像南昌初芙化妆品公司利用茶油为原料研发洗发产品、贵溪华宝香精香料股份有限公司利用油茶花为原料提取开发香精香料产品、赣州哈克生物科技有限公司提取茶油中有效成分研制护肤、保健产品等。

## 七、社会服务组织

江西油茶种植面积、产量均居全国前列，每到油茶果采收时节，大量的油茶鲜果因为无法及时得到加工处理，导致茶籽新鲜度降低，发生霉变，影响了销售价格。为克服这一难题、保障林农切身利益，江西省林业局连同有关部门筹措资金支持在省内建设100个油茶服务中心，截至2023年底，已经有27个县（市、区）着手油茶服务中心建设。油茶服务中心立足油茶生产最前线，通过承接油茶果初加工处理及油茶林抚育管护、开展油茶种植技术培训服务等帮助林农提升茶果处理能力和油茶栽培技术水平，为全面推动油茶产业高质量发展提供了基础保障。此外，在《江西省油茶产业高质量发展三年行动计划（2023—2025年）》中，鼓励省内有规模有实力的大型油茶生产加工企业筹建油茶果初加工与茶籽仓储交易中心，加强油茶籽收储、茶果初加工服务，对稳定油茶果、籽市场流通价格起到了一定的保护作用。江西省林业主管部门还抽调大量技术人员组建了11支油茶科技服务团队，精准服务11个县（市、区）油茶产业发展。鼓励各县（市、区）组建油茶产业协会，加强油茶科技服务能力建设。九江市指导各县（市、区）成立自己的油茶协会，通过协会来开展油茶技术服务和培训，实实在在地帮助了林农和油茶大户。

# 第三节　广西产区

## 一、政策资金支持

2023年，经广西壮族自治区人民政府同意，自治区林业局、发展和改革委员会、财政厅三部门联合印发了《加快油茶生产三年行动方案（2023—2025年）》（桂林发〔2023〕3号），对今后三年油茶产业发展进行具体部署，明确2023—2025年广西新增油茶面积276万亩、低产林改造面积151万亩，对油茶新造林每亩补助2000元，其中自治区1000元、县（市、区）1000元，对低产林改造每亩补助700元，其中自治区600元、县（市、区）100元。

为保障广西油茶生产任务顺利推进，其他政策资金支持有：一是压实各方责任。自治区与市、市与县分别签订三年油茶生产目标责任状，并纳入林长制考核和绩效考评。二是挖掘林地潜力。调整符合条件的公益林种植油茶，鼓励利用采伐迹地、火烧迹地、松材线虫病疫木改造、电力线路走廊树种矮化改造等种植油茶，推广"油茶+N"混交林模式，明确国家储备林项目安排不低于20%的面积种植油茶，明确林业主管部门优先安排采伐指标种植油茶，确保油茶造林用地。三是保障良种供应。自治区林业局制定印发《加快油茶产业发展三年行动（2023—2025年）种苗保障方案》，通过加强油茶苗木生产、供应和监管全流程保障，确保2023—2025年生产供应2.2亿株良种大杯苗，满足造林需要。四是增加金融信贷。自治区林业局会同相关部门联合印发《关于金融支持广西油茶产业高质量发展的通知》（南宁银发〔2023〕72号）、《关于加大信贷支持力度促进全区油茶产业发展工作的通知》（桂林发〔2019〕5号）等，鼓励银行机构研发专属信贷产品，支持油茶产业发展；同时，统筹乡村产业振兴资金支持茶籽收储、初加工及购销贸易。五是加大保险推广。自治区政府将油茶种植保险纳入自治区试点险种，将油茶树视同一般商品林，享受商品林保险政策，保险费率从1%降至0.2%~0.4%（按高低风险区），农户每亩自缴保费仅需0.4~0.8元，大幅降低林农负担。同时，有关部门联合制定《油茶收入保险试点实施方案》（桂财金〔2020〕53号），在全国率先开展油茶收入保险试点。

## 二、油茶基地建设

广西是全国油茶传统产区，种植历史悠久，也是全国油茶重点产区之一。"十三五"以来，广西新造油茶林近300万亩、低产林改造200余万亩，创建完成油茶"双高"示范园50余个、"双高"示范点500余个。目前，广西已有14个市101个县（市、区）有油茶分布，区域种植规模化生产格局初步形成，自治区层面主要分布在百色、河池、来宾、柳州、贺州和梧州，县域层面主要分布在田林、凌云、三江、巴马等14个县，其中种植面积大于0.67万公顷的县（区）有24个。

## 三、精深加工

山茶油具有很高的综合利用价值，茶枯饼、茶皂素、茶籽壳等剩余物，广泛用在日用化工、农药等多个领域。但长期以来，广西茶油加工处于低水平的粗加工阶段，在售产品仍以食用茶油为主，原油和精炼茶油占企业油茶产品销售收入的85%以上。立足于广西的自然资源和油茶优势，广西山茶油加工企业也陆续推出本土山茶油护肤品牌，但多以代加工方式委托广州日化品生产厂家生产，例如，广西三门江生态茶油有限责任公司利用山茶油特有的角鲨烯、茶多酚等天然护肤成分，推出"茶大夫""茶养芙"护肤精油、护发精油、洗洁系列产品；广西田东增年山茶油有限责任公司推出木本媛素山茶籽润肤精油，用于缓解皮肤干燥。由于受到精深加工技术和市场的制约，广西加工企业的茶枯饼大部分是出售给外省，在广西未发现有精深加工提取茶皂素的规模生产。

## 四、品牌建设

广西统筹整合社会资源，通过"政府部门主推、行业协会主导、龙头企业主用"的品牌运营模式，努力打造"广西山茶油"区域公用品牌，形成了企业、协会、联合会、主管单位等多个组织联合并进的局面。一是集中打造品牌。制定广西油茶品牌打造实施方案，集中打造广西山茶油区域公共品牌和企业自主特色品牌，涌现一批有一定竞争力、覆盖不同人群的茶油系列护肤品、洗涤用品、保健用品等，创建"桂之坊""六道香""九龙桂""良大头""岑王世家"等一批优秀品牌。二是加强广告宣传。2020年以来，连续三年安排专项经费，分别以南宁和广州为中心，开展广西山茶油区域公共品牌地铁专列、高铁专列、机场等广告宣传，覆盖北京、上海、广州等一线城市。三是强化质量监督。大力推行质量管理体系认证、食品安全管理体系认证，组织制定了"油茶籽质量分级"广西地方标准、"广西山茶油"团体标准等系列标准。"三江油茶""百色山茶油"通过国家地理标志产品认证。

## 五、产业融合及经营模式

广西油茶产业融合方面：一是打造油旅产业示范。广西以发展生态经济、生态产业为核心内容，结合林下套种、生态旅游和休闲观光，不断拓展油茶产业功能，挖掘林地增产潜力。在维都林场打造集油茶高效种植、产品加工、油茶文化旅游于一体、三产融合发展示范的油茶小镇，累计接待各级考察学习人员达5000人次以上，观光游客更是络绎不绝。二是建设融合发展示范。大力发展油茶林下经济, 广西林科院牵头探索了"一亩山万元钱"专项行动油茶复合经营技术模式, 通过油茶林下养殖、种植中草药等, 实现主导产业多次增值、多重收益。三是支持产业集聚区建设。建立罗城仫佬族自治县市级农产品加工集聚区、恭城瑶族自治县市级农产品加工集聚区、三江县农产品加工集聚区等10个油茶产业有关加工集聚区, 大力推动优势特色农产品加工企业向集聚区集中, 打造农产品加工业示范区、引领区。

广西油茶经营模式方面: 一是培育产业发展主体。通过加强政策宣传和组织发动, 调动全社会力量参与发展油茶, 构建林场作示范、企业为骨干、农民做主体的油茶发展新格局。支持龙头企业、农民专业合作社等新型农业经营主体扩大生产规模、提高经营管理水平和引进新品种、新技术、新农机设备等。二是实施专业化托管服务。全面推行专业化托管服务, 自治区直属13家国有林场分别建立2000亩以上标准化油茶示范基地和1000亩以上油茶低产林改造托管服务示范基地。三是构建利益联结机制。采取"村集体经济＋基地＋农户""村集体经济＋油茶专业合作社＋基地""N个村集体经济＋公司＋基地"等多种经营模式, 创建"订单农业""土地入股+分红"等联农带农机制, 发展壮大村集体经济, 激发群众内生发展动力。

## 六、科技创新与产业支撑

广西在种质创制、种苗繁育和丰产栽培等方面均取得了较大的突破, 为油茶产业"三年行动"计划的顺利实施提供了强有力的科技支撑。一是种质创制。现建成华南地区最大的国家级油茶种质资源收集库, 收集保存山茶属物种近百个, 种质1000多份; 选育出通过国家或自治区审 (认) 定的油茶良种46个, 其中, 2023年香花油茶"义"系列现场产量测定显示: 亩产鲜果1702千克, 折合亩产茶油168千克, 再次刷新全国茶油最高单产纪录。二是种苗繁育。集成应用芽苗砧嫁接、扦插、小苗嫁接3种无性快繁技术, 形成春夏季芽苗砧嫁接为主, 秋冬季小苗嫁接为主、扦插为辅的"三种方法、四季育苗"新模式, 并创新了适用于华南地区的冬春芽苗砧嫁接技术, 大大提高了嫁接成活率和当年育苗出圃率。三是丰产栽培。编制了《油茶栽培技术规程》《油茶施肥技术规程》《油茶高干嫁接技术规程》等系列行业和地方标准，并在树体培育、水肥调控、授粉坐果、复合经营等方面取得了一定的进展。四是科技推广。广西形成了一个由行业管理部门组织、科研院所主导、生产单位实施的油茶科技推广体系，通过发挥管理部门职能，聘任发展油茶产业顾问，选派林业科技特派员的方式加强油茶科技推广。目前，自治区、市、县三级林业技术推广机构基本完备，自治区专门设置了林业技术推广总站，14个地级市均设置林业技术推广站，广西111个县（市、区）独立设置林业技术推广站76个，有专职技术推广人员千余人。五是科技成果。广西林科院等科研院所在油茶科技领域的研发、推广走在全国前列，该院先后获得油茶相关发明专利授权26件，制修订标准17项，出版专著4部，登记科研成果78项；先后获得国家级省部级成果奖励11项，其中国家科技进步二等奖2项，广西科技进步奖一等奖1项、二等奖3项、三等奖2项，梁希科技进步奖二等奖1项、三等奖2项。

## 七、社会服务组织

社会组织作为产业发展的中坚力量，可充分发挥专业优势，运用专业方法协助政府、企业、合作社、农户间建立长效机制，助力产业振兴。自治区级油茶产业社会服务组织有2家，分别为广西油茶产业协会、广西山茶油产业品牌联合会。

广西油茶产业协会于2011年经自治区民政厅、林业局批准成立。协会充分发挥政府与企业的桥梁和纽带作用，积极推动广西油茶产业"三年行动"实施；组织和参与制定广西油茶行业规范、标准和规划；解读产业相关政策，传递产业前沿信息；组织技术培训与推广，加强行业交流合作，积极服务会员企业；促进广西油茶产业健康有序发展，致力打造广西乃至全国山油茶知名品牌。协会中的各级人大代表和政协委员多次提出油茶行业发展建议，建言献策，得到了各级党委和政府的肯定和支持。

广西山茶油产业品牌联合会于2020年经自治区民政厅、林业局批准成立。

品牌联合会紧紧围绕广西山茶油产业品牌发展理念,以加强"广西山茶油"区域公用品牌建设为主线开展工作,先后举办多场"广西山茶油"品牌推介活动,组织多家会员单位前往各地参加油茶展览展会,帮助区内油茶企业提高品牌曝光度。同时,品牌联合会成功注册"广西山茶油"区域公用品牌集体"商标",获得15项"集体商标注册证","商标"覆盖了山茶油产业发展的百种产品,包括种苗园艺、食用山茶油、洗护类、糕点、广告等类别,为油茶产业一二三产业融合发展奠定了宽广的商标基础。

# 第四节　湖北产区

## 一、政策资金支持

湖北省委、省政府深入贯彻落实党中央的决策部署,高度重视油茶产业发展工作,省长王忠林、副省长赵海山作出重要批示,省长办公会议专题研究油茶产业发展问题,省领导先后3次调研油茶产业发展。经湖北省政府同意在全省实施油茶产业扩面提质增效行动,并于2022年10月,在随县召开全省油茶产业扩面提质增效行动启动会,副省长赵海山同志到会并作重要讲话。湖北省林业局、财政厅、自然资源厅、农业农村厅、人民银行武汉分行联合印发了《湖北省油茶产业扩面提质增效行动方案(2022—2025)》,规划到2025年全省新造油茶林210万亩,改造低产林146万亩,油茶总面积达642万亩,油茶籽年产量32.4万吨,全产业链产值500亿元。

2023年1月,湖北省政府在全国率先与国家林业和草原局签订了《湖北省油茶发展目标责任书》,将油茶纳入湖北省粮油稳产保供范围。各油茶项目县市党委、政府坚决贯彻落实全省会议精神,制订工作方案,落实细化措施,8个市(州)、38个县(市、区)出台了推进油茶发展意见。省林业局成立了湖北省油茶产业扩面提质增效行动领导小组,由省林业局主要负责人担任组长,下设5个专项工作小组,实行统一领导、分工负责、协调配合,为油茶产业发展提供全方位支持保障。

湖北坚持以政府投入为引导、以市场投入为主体的多元化投入机制，加大对油茶产业发展的资金支持。一是落实专项资金。统筹中央财政造林补助项目、国土绿化试点示范项目、林火阻隔建设试点示范项目、财政贴息贷款项目等项目资金重点向油茶产业倾斜，2023年共争取中央财政资金2.7亿元。省级财政从2022年到2025年每年安排5000万元专项支持油茶产业发展，其中2023年达到了8502万元。2023年从森林植被恢复费中安排1亿元用于油茶产业发展。按油茶新造林1000元/亩、低改500元/亩标准落实补贴资金。二是加强银联合作。省林业局与建设银行湖北分行、省农发行等相关金融机构就支持油茶产业发展达成框架协议，争取信贷支持。咸宁市通城县等地与当地金融机构合作推出了"油茶贷"，贷款金额达5210万元。三是推行油茶保险。2023年，森林保险在湖北省推开，覆盖了全部油茶生产县（市、区），油茶林保额从每亩750元提高至每亩2000元。四是市、县级政府也纷纷出台政策，统筹资金支持油茶产业发展。例如：武汉市对油茶新造林在省级补贴基础上再增加1000元/亩补贴标准；武汉市黄陂区在省、市补贴政策基础上，对油茶新造林再增加500元/亩补贴；随县政府出台《支持油茶产业高质量发展若干措施》，每年财政预算不低于1000万元的资金，支持油茶产业跨越式发展；通城县委、县政府每季度专题调度、每半年专题研究一次油茶工作；麻城市政府出台了《关于加快发展油茶产业的意见》，市财政每年拿出500万元资金支持油茶产业发展。

湖北省林业局成立了油茶产业扩面提质增效行动领导小组，组建工作专班，设立综合协调组、资金保障组、种苗保障组、技术支撑组和项目管理组等5个小组，实行统一领导、分工负责、协调配合。同时实行省林业局领导包片、处室包县的指导督办制度，加强对县（市、区）的督办检查、推动落实。坚持规划引领、科学布局、科学发展，省林业局组织60个油茶发展县（市、区）编制油茶扩面质增效行动实施方案，将发展任务分解到年度，督促各地将发展任务落地上图，落实到小班地块，目前已完成新造林计划上图208.7万亩，低产林改造计划上图123.7万亩，分别占计划任务的99.3%、84.7%。在此基础上，组织编制了

《湖北省油茶产业扩面提质增效行动专项规划（2022—2025年）》，对油茶种苗培育、新造林、低产林改造、产品加工及产业体系建设等方面作了科学规划。

## 二、油茶基地建设

湖北省地处全国油茶自然分布的北缘中心产区，油茶栽培历史悠久，省内大部分地区适宜油茶种植，除神农架和江汉平原以外的13个市（州）的67个县（市、区）都有分布，主要分布在大别山区、幕阜山区和大洪山等丘陵山区，全省现有油茶面积约450万亩。全省有全国油茶重点县22个，油茶面积超10万亩的县（市、区）有12个，包括麻城市、通城县、阳新县、谷城县、大悟县、通山县、崇阳县、随县、广水市、红安县、蕲春县、来凤县。

麻城市是中国油茶之乡、全国油茶标准化示范县，油茶种植面积和产量居湖北省第一。全市油茶种植面积39.6万亩。通城县是全国油茶标准化示范县，确立了造改结合、集中连片、产业带动、企村共建的油茶产业发展思路，加快推进油茶产业扩面提质增效行动，油茶面积发展到32.25万亩。阳新县是中国油茶之乡、全国油茶标准化示范县，2006年以来始终把油茶作为重大支柱产业来抓，油茶种植面积发展到32.2万亩。随县油茶种植面积23.5万亩，培育木本油料省级龙头企业6家、油茶产业市场经营主体160余家。

## 三、精深加工

湖北省拥有油茶加工企业61家，2023年干茶籽年产量26万吨，茶油产量达到5.5万吨，年产值达到100亿元。湖北省重点茶油加工企业开发出各具特色、令消费者满意的茶油产品销往全国、全世界。湖北黄袍山绿色产品有限公司等油茶加工企业开发"高科技含量、高附加值、高品质"的"三高"天然绿色产品，采用脱壳冷压榨工艺生产，完整保留油茶果天然的活性物质和微量元素，生产过程无高温处理，无化学添加，茶油口味纯正，同时开展副产品的精深加工，延长油茶产业链，生产护肤品、洗涤用品等。大悟人人爱公司的人人爱有机压榨山茶油主打有机概念，原料全部采用原生态栽培，生产全过程施用有机肥，不施农药。湖北四季春茶油有限公司秉承"匠心出匠品、良心造良油"的理念，采用大别山天然优质的山茶籽室温压榨生产货真价实的纯茶油，产品连续多年通过国家有机产品认证，获得湖北省著名商标。

## 四、品牌建设

湖北省拟申报注册省级茶油公用品牌，将制订湖北省统一的产品质量标准，通过加强湖北省茶油公用品牌宣传，提高群众对茶油产品的认知度，提高湖北茶油品牌的认知度。目前全省油茶企业共注册34个品牌，申报成功油茶地理标志产品2个，获得发明专利6项，有本草天香、人人爱、四季春、茂森缘、富川山茶油、香芝源、福常椿等知名品牌，其中"本草天香"茶油被评为中国驰名商标。部分地方也相应注册了地区的茶油公用品牌并强化品牌宣传，譬如"大别山茶油""阳新茶油"等，部分地方积极申请地理标志商标，如随州市申请并获批"随州油茶"地理标志证明商标。

## 五、产业融合及经营模式

发展油茶产业，必须通过创新驱动，坚持龙头企业带动，实行标准化栽培、规模化生产、集约化经营。一是创新发展理念。坚持"反弹琵琶"，遵循市场配置资源原则，用工业化理念推动油茶产业发展。坚持招商引资，坚持集群发展，打造油茶科技产业园区。随州、麻城、通城等地的油茶科技产业园区已初具规模。二是创新发展模式。通过财政资金引导，"公司+基地+农户"、农民专业合作社、"龙头公司+基地"等发展模式蓬勃发展，促进资金、技术、劳动力等生产要素向油茶产业汇聚。三是创新发展路径。发展精深加工，实施品牌战略，目前有7个品牌茶油产品在市场广受欢迎，一批油茶加工企业新增了化妆品车间，开发了高附加值产品，延长了产业链。大力发展油茶小镇、油茶公园等油茶文旅项目，促进一二三产业融合。

在推进油茶基地建设中，主要形成了以下三种油茶基地建设发展模式。

### 1. "公司＋基地＋农户"发展模式

湖北通过"公司+基地+农户"的模式开展了大规模的油茶基地建设,与油茶各主产乡镇农业技术服务中心签订了收购合同,并与农业技术推广中心签订了油茶技术服务协议,建成高标准示范基地10万亩。通过"企业+基地+农户"的模式,由公司免费提供良种苗木、无偿提供技术服务、保底价回收油茶籽,以灵活可行的利益联结方式,激发农户参与油茶种植的积极性,切实保障农户增收和公司原料的供给。该模式促进社会资本、技术和劳动力等要素向油茶产业汇聚,通过联建油茶基地,实现风险共担,提高应对风险能力。

### 2. 农民专业合作社发展模式

这种模式是由多户农民以参股或联合的方式建立专业合作组织,共享油茶品种和种植管理技术,以组织为单位在生产和销售上开展合作,生产中互帮互助,销售上统一由组织对外进行销售,所得的收益依照股份或者合作协议进行分配。将林改后的林地作为股份加入合作社,由合作社统一种植、管理、销售。

### 3. "龙头公司＋基地"发展模式

这种发展模式是由公司从政府或农民手中先取得土地使用权,由公司提供种苗、资金和技术将土地反包给造林大户,或雇用当地农民作为种植基地和加工厂的工人,通过引进先进技术和优良品种,规模化、标准化、产业化种植优质高产油茶,采摘下来的油茶籽交由自身的加工厂加工,生产出自有品牌的精制茶油及相关深加工产品并销售。涵盖从油茶的育苗、种植、加工到市场销售的整个产业链,包括苗圃、大规模标准化种植基地和具有大规模加工能力的先进生产线的加工厂。在利益分配机制上,始终坚持"多赢"的理念,围绕政府得"被子"(指生态环境的改善和社会稳定),企业得"料子"(指原料和品牌建设),农民得"票子"(指收入增加),在"多赢"的平台上寻找合作点。

## 六、科技创新与产业支撑

从20世纪70年代开始,湖北省林业科学研究院依托区域资源优势,在油茶良种选育、规模快繁、高效栽培、低产林改造等方面进行了系统研究，拥有务实、创新、团结、高效的油茶科技创新团队，取得了一批重要科研成果。拥有"国家油茶科学中心北缘地区育种与栽培实验室""经济林木种质改良与资源综合利用湖北省重点实验室""湖北省木本粮油林工程技术研究中心"等科研平台，获湖北省科技进步一等奖1项、二等奖4项、三等奖3项，审（认）定油茶良种10个，制定标准5项，授权专利2项，编写专著3部，为湖北省油茶产业发展提供了强有力的科技支撑，有力促进了湖北省油茶产业提档升级。

一是油茶良种选育工作成效卓著。良种是油茶产业发展的基础。采用优良品种营造的林分与自然实生林分相比，亩产量可提高10倍以上。从20世纪70年代开始，湖北省林业科学研究院的科技工作者就开展了省内的油茶种质资源调查与收集工作，整理出普通油茶地方品种和类型60多个，筛选出"鄂东大红果"等一批农家品种。在此基础上又开展了油茶高产量高含油新品种选育，从上万份育种材料里筛选出10个高产、优质、抗病的油茶新品种，油茶产量平均提高了10倍以上，全部通过了湖北省林木良种审（认）定。其中，'鄂林油茶151''鄂林油茶102'等品种每亩产油量均在50千克以上。湖北省已建成以随县、麻城、阳新、通城为代表的油茶高产新品种科技示范基地，这些基地为其他地区油茶产业发展起到了示范带动作用。

二是构建了油茶良种规模化繁育技术体系。在良种选育的基础上，深入开展油茶良种规模化扩繁研究，提出高效采穗圃营建和高产穗条生产技术，穗条产量提高3倍以上。研发出油茶轻基质芽苗砧嫁接育苗技术，构建油茶良种规模化繁育技术体系，带动了油茶苗木培育方式的变革，解决了油茶长期以来无法实现无性系良种化的难题，使油茶良种规模化扩繁成为可能。采用自主研制的油茶育苗专用轻基质配方，湖北省年繁育油茶良种壮苗5000万株以上，为大规模营造高产油茶示范林奠定了坚实的基础。

三是构建了油茶高效栽培技术集成体系。在营造油茶良种示范林的基础上，开展了品种配置、整形修剪、平衡施肥、病虫害防治等配套高效栽培技术研究，通过多项关键技术集成与创新，油茶高产示范林亩产油量达到50千克以上。尤其是林业科学研究院指导的麻城、新洲油茶示范林应用上述成果取得了显著的效果。麻城市五脑山林场油茶丰产林，最高年份亩产茶油71.9千克，5年平均亩产茶油45千克；武汉市新洲区油茶丰产示范林，连续4年平均亩产茶油55千克。湖北省编写了油茶系列地方标准，在省内油茶产区得到广泛应用，对湖北省油茶产量和品质的提升起到了重要的科技支撑作用。

四是开展了油茶低产林改造提升技术推广示范。按照"因地制宜、分类指导、多模式低改"的改造原则，制定了高接换种、林地清理、土壤垦复、合理施肥、整形修剪、病虫害防治等改造措施，提出不同油茶低产林改造模式和配套技术，建成了一批高水平的低产林改造示范园。如麻城市五脑山林场和红安县七里坪油茶场5000亩油茶低产林改造后，平均亩产油由改造前的5.8千克提高到27.5千克，取得了显著的经济和社会效益。

## 七、社会服务组织

2019年，黄袍山公司牵头成立"湖北省扶贫协会油茶专业委员会"，为湖北省油茶种植、加工企业搭建了一个社团组织，构建了全省油茶产业的交流平台。该委员会先后多次组织会员活动，组织开展技术培训、油茶产业发展座谈会，向湖北省林业局提交油茶产业发展建议。为了进一步加强对全省油茶产业的协调指导，2024年正在筹备成立"湖北省林业产业促进会油茶分会"，将在湖北省林业产业促进会下分设油茶分会，以加强政府与油茶企业的沟通渠道，搭建交流平台。此外，全省部分市、县也组织成立了油茶协会，以加强团结协作和交流沟通。湖北省林业局还成立了一支油茶产业扩面提质增效行动科技特派员队伍，由57名专家组成，为湖北省油茶产业发展提供技术服务。部分市、县级林业主管部门也成立了油茶专家服务团队，为各地开展油茶生产提供技术指导和服务。

# 第五节　中央财政油茶产业发展示范奖补项目

2023年，为积极推动油茶产业高质量发展，财政部、国家林业和草原局决定实施中央财政油茶产业发展奖补政策。聚焦《加快油茶产业发展三年行动方案（2023—2025年）》，择优筛选现有面积超过50万亩（鼓励面积大的项目）、总投资超过10亿元的油茶林项目，实施油茶产业发展示范奖补，打造油茶产业发展的示范样板和高地。坚持市场主导、政府扶持原则，以问题和目标为导向，立足"打基础、补短板、树典型、抓推广、强绩效"，按照系统化设计、目标化管理、项目化推进，聚焦重点、示范带动，从加大油茶营造力度和打造油茶产业发展示范高地两方面发力，实行"中央奖补、省级统筹、市县实施"的油茶产业奖补政策，支持油茶"扩面""提产"，促进提升油茶产业发展水平，增强我国油料安全保障能力。

中央财政通过林业草原改革发展资金对东、中、西部地区分别按照每个项目不超过4亿元、5亿元、6亿元安排定额奖补。项目实施期为5年，实施期内分年安排资金，第1~2年各安排30%，第3~5年各安排10%，第6年国家林业和草原局组织验收，验收合格后再安排剩余10%。中央财政资金支持良种培育、种植改造、管护抚育等产业链前端，地方统筹安排资金并引导社会资本，支持加工、品牌建设、销售等产业链中后端，以及基础设施建设和科技研发等，合力提升项目区域全产业链发展水平。项目由省级统筹规划，统一组织遴选推荐地市作为项目主体，财政部和国家林业和草原局组织专家对申报项目开展竞争性评审，选择产业发展基础好、全产业链部署推进有力、典型代表性强的地市实施油茶产业发展示范奖补。国家林业和草原局指导地方制定项目技术方案和投资标准，加强项目实施全过程的技术指导和监督考核，组织开展项目验收，促进提升项目实施水平和实效。项目实施按照建设全国统一大市场和全产业链发展的要求，统筹考虑实际情况，结合油茶产业发展布局和产能及加工能力，合理确定项目建设范围和实施内容,相对集中布局,推动强链、延链、补链;根据"国土三调"成果和国土空间规划布局,合理安排油茶用地;按照国家相关技术规范,结合本地实际,科学确定项目技术路线;项目实施要采用良种良艺良法,建设高标准油茶林,优化一二三产业布局。

第一批遴选了江西吉安、湖南衡阳、浙江衢州、广西柳州、广东河源和湖北随州等6个地区实施。

## 一、江西吉安市油茶产业发展示范奖补项目

一是吉安市各县(市、区)根据中央财政油茶产业发展示范奖补项目总体实施方案分别制定了当地的项目实施方案,落实了项目资源培育工程作业设计,为项目实施提供了总体依据。二是吉安市制定下发了《中央财政油茶产业发展示范奖补项目资金管理办法》《中央财政油茶产业示范奖补项目奖补建设标准》等文件,为项目顺利实施提供了强有力的政策保障。三是截至2023年底,国家下达了项目实施资金3亿元,同时省级配套资金1152万元业已到位,据了解,第二批省级配套资金1500万元也即将到位,为项目总体实施提供了强大的资金支持。四是吉安市建立了通报机制,在2023年全市油茶示范奖补项目推进会上,市林业局就各地项目实施进展情况进行了通报,并指出了在项目实施过程中存在的问题,要求各地加强督促指导,切实加强项目实施进度与质量,明确了今后将建立通报制度,对排名靠后的县(市、区)政府分管领导进行约谈。

为项目顺利实施,吉安市切实加强技术宣传、培训服务,2023年以来,吉安市开展各类油茶种植、加工技术培训共36次,培训相关技术人员3600余人次;依托省林科院峡江分院,在峡江县林木良种场打造集科技创新、成果孵化、技术推广、森林康养于一体的油茶科技示范园;抽调精干人员组成工作推进组,实行分县包干工作机制,要求工作组深入各县实地督导;同时要求各县(市、区)成立10人以上技术服务团队,做到技术服务覆盖村组,积极探索油茶新造、低产林改造和水肥一体化设施经验模式,高标准快速推进项目建设。目前,已完成2023年度油茶低产林改造4.85万亩、单项水肥一体化设施建设0.53

万亩，完成2024年度油茶新造整地3.54万亩，栽植1.67万亩。

借助项目实施的契机，吉安市重点推动油茶精深加工产业发展，弥补吉安市油茶产业链中最为关键的短板。吉水县江西康寿山、峡江县赣之村等4个油茶精深加工企业已开工建设；万安祥霖、永新县万尚会等4个油茶收储中心正在建设；万安县山之语、吉水红冠山等近10个油茶小作坊正在提升改造，已基本达到建设标准；遂川壹世康、井冈山市栗树湾等3个油茶庄园，目前已经具备民宿、餐饮、娱乐等各项功能，正在完善基础设施；引导企业融入"井冈山"农产品区域公用品牌和"江西山茶油"省级公用品牌，指导油茶加工销售企业在一、二线城市设立品牌旗舰店，推动线上销售。

## 二、湖南衡阳市油茶产业发展示范奖补项目

项目总投资11.86亿元，其中，中央财政资金5亿元、省级财政资金1亿元、市县财政配套1.35亿元、社会资本投入4.51亿元。通过项目实施，拟完成新造油茶林示范基地3.7万亩，改造低产低效林11.9万亩，构建现代油茶产业链，全面提升油茶产业效益；加强品牌培育，打造全国一流的区域公用品牌和知名企业品牌，通过品牌引领带动区域油茶产业高质量发展。具体推进措施如下。

一是建立了完善的组织领导机构和工作专班。成立了以衡阳市委书记和市长为组长的项目领导小组，建立了以分管副市长为组长的项目推进工作专班，湖南省林业局成立了项目实施协调领导小组和工作专班，各县（市、区）也相应成立了领导机构和工作专班，切实加强对项目建设的组织领导和推进落实。制定了项目实施工作方案。制定了《衡阳市2023年中央财政油茶产业发展示范奖补项目实施工作方案》，明确了项目实施工作目标、建设任务、方法步骤、资金筹措、要求保障等具体内容。建立了项目管理制度。制定了《项目建设管理办法》《项目资金管理办法》等文件，规范了项目建设质量和标准，切实加强了项目资金监管，确保项目建设有序推进和资金安全。

二是落实项目市级配套资金。衡阳市级财政已落实2023年度配套资金，2023年度中央财政资金已经到位。

三是加大技术支撑力度。成立了项目专家团队。制定了《湖南省衡阳市2023年中央财政油茶产业发展奖补项目专家组成立工作方案》，邀请省内行业领域专家组建了项目实施专家指导组，每县（市、区）固定1~2名专家对口指导，夯实项目建设技术支撑。

## 三、浙江衢州市油茶产业发展示范奖补项目

项目总投资12.12亿元，其中，申请中央财政资金4亿元（主要用于一产）、地方财政投入2.87亿元、社会资本投资5.25亿元。项目区总面积75.54万亩，示范区域总建设规模11.55万亩，其中高标准油茶林新造工程5.54万亩，低产低效林改造工程6.01万亩，水肥一体化设施100%配备。新培育省级以上龙头企业四家，年茶油生产能力新增4500吨。实施油茶精深加工工程和实施利益联结工程，建立"企业+集体+基地+农户"等股份化利益联结体600个以上。项目验收时示范区高标准示范林盛果期亩产茶油超50千克、低改林超35千克、非示范区域超22.5千克，茶油年销售量5万吨，全市油茶产业总产值达100亿元，种植户亩均年增收2000元，带动就业人数2万人以上。

衢州市委、市政府坚持在做实项目、用好资金、把握进度的基础上，努力出经验、出精品、出标杆。具体推进措施如下：

一是高位推动，统筹推进。按照省、市、县三级油茶产业发展专项行动、产业扶持政策，成立政府主要领导任组长的油茶保供生产工作专班，强化"一把手"主抓主管，一盘棋谋划、大团队作战，安排油茶产业发展专项资金，实行省级督查指导、市级统筹协调、县级主抓落实的三级联动机制。

二是赛马比拼，高效推进。按照项目实施方案，建立项目监督检查机制、制定项目管理办法和资金管理办法，清单化推进、闭环式管理、数字化监管，实行百分制量化考核，"月通报、季晾晒、年考核"，形成推动工作的强大合力。

三是慎终如始，科学推进。一以贯之地保持对中央财政项目的敬畏感、使命感、紧迫感，充分吸取2021年中央国土绿化试点示范项目的成功经验和模式，因地制宜创新落实发展模式，以钉钉子的精神确保项目精准、科学、高

质量实施。

## 四、广西柳州市油茶产业发展示范奖补项目

项目总投资13.7亿元，其中，中央财政补助6亿元、自治区财政投入2亿元、市县财政投入0.7亿元、社会资本投入5亿元。项目计划建设示范基地13.38万亩，项目建成后，新造油茶林盛产期亩产茶油将达到40千克以上，项目区亩产茶油将达到20千克以上。

2023年12月，中央下达2023年奖补项目资金1.8亿元。柳州市财政局根据文件精神印发了《关于下达2023年第四批中央财政林业草原改革发展资金的通知》（柳财预追〔2024〕2号），对项目资金分配做出了预算安排。其中油茶新造林补助3663.185万元、油茶低效林改造2031.9万元、现有油茶幼林配备水肥一体化建设10384.915万元、良种壮苗培育工程1920万元。柳州市财政局、市林业和园林局按照要求，以项目实施方案依据，及时分解下达补助资金至有关县区和单位，各县区开展作业设计。另外，2023年自治区财政投入1.115亿元，市县财政投入0.12亿元，社会资本投入1.9542亿元用于该项目。

2024年3月，柳州市人民政府办公室正式印发《柳州市九万山多民族聚居区油茶产业发展示范奖补项目工作方案》（柳政办〔2024〕16号）。从指导思想、基本原则、工作目标、项目实施期、主要工作、工作步骤、组织保障、工作要求、其他注意事项等方面进行了工作部署，进一步指导各项目县区、各责任单位有序推进油茶示范奖补项目实施。

根据项目实施方案要求，2023年需完成新造油茶林面积2.715万亩，低产低效林改造面积2.3万亩，配备水肥一体化面积8.525万亩（其中：新造油茶林配备水肥一体化面积2.715万亩，低改油茶林配备水肥一体化面积2.3万亩，现有良种油茶幼龄林水肥一体化设施建设面积3.51万亩）。截至2024年2月，县区上报2023年新造油茶林面积2.715万亩，低产低效林改造面积2.3万亩（最终以验收核查后面积为准）；纳入中央财政油茶产业发展示范奖补项目的11个自治区乡村振兴补助项目，已开工建设9个。

## 五、湖北随州市油茶产业发展示范奖补项目

项目总投资13.6亿元，其中，中央财政5亿元、省级财政0.5亿元、市县财政1.5亿元、社会资本6.6亿元。实施总目标是新造油茶林16.30万亩，低改油茶林4.82万亩，对新造和改造油茶林配备水肥一体化设施21.12万亩，打造油茶全产业链发展的"样板工程"。项目建设已全面启动，随州市委、市政府高度重视，强化领导，除分管市领导直接领导外，明确一名市人大常委会副主任专门负责；市、县两级成立工作专班组织实施，年度作业设计已全面铺开，造林整地正在如火如荼开展，省林业局负责指导、督办，省、市、县、乡多级联动，确保项目高效实施。

一是统一思想认识。随州市高度重视中央财政油茶产业示范奖补项目建设工作。第一，召开政府常务会议。市政府两次召开政府常务会议，分别听取了市自然资源和规划局关于中央财政油茶产业发展示范奖补项目申报情况和推进情况的工作汇报，并审议《随州市中央财政油茶产业发展示范奖补项目建设实施方案》《随州市中央财政油茶产业发展示范奖补项目建设管理办法》，并对相关工作作出安排部署。第二，召开项目推进会。市领导多次召开油茶工作专题推进会议，在听取各县（市、区）主要负责人及部分市直部门负责人的情况汇报后，就油茶产业发展做了专题安排部署。同时，市级林长将油茶项目建设纳入林长专题巡林范围，下沉召开会议，研究解决项目推进过程中的具体问题。第三，召开部门会商会。市自然资源和规划局多次组织召开相关市直部门、县（市、区）林业局油茶示范奖补项目推进会商会，对相关采伐政策、水肥一体化适用范围、方案小班变更的幅度、商品林认定程序、作业设计技术规程等问题进行会商，进一步解读政策、明确目标和标准。

二是完善工作体系。根据湖北省林业局工作提示意见，成立由市委常委、副市长任组长，市人大常委会副主任任常务副组长，分管副秘书长、市财政局局长、市林业局局长为副组长，相关市直单位、项目县（市、区）政府分管负责同志为成员的项目建设工作专班；筹备成立随州市油茶协会，随州市田丰现代

农业有限公司董事长为协会会长候选人，协会成立相关程序正在办理中；随县已成立油茶协会，随州市岳雄丰生态农业公司总经理任会长；市政府常务会议已原则同意市自然资源和规划局增加2名林业专业人员编制，专门负责油茶产业发展相关工作，现正在落实协调中，已从市局直属单位临时抽调2名同志负责此项工作；随县已成立油茶办，编制3人；广水市林业局正申报成立油茶办，筹备组建产业发展股，编制不少于3人。通过这些举措，确保中央财政油茶产业发展奖补项目事有人管、事有人做。

三是确保工作进展。一是规范作业设计政府采购。经市政府同意，由市自然资源和规划局统一组织政府采购，五年作业设计一次性采购，分年度编制作业设计，根据设计任务量支付相关费用，目前已完成招投标工作，正在编制年度作业设计。二是落地上图准备工作。为保障奖补项目顺利开展，全市完成了年度计划摸底调查。采取卫片判读、实地核查等方式，组织相关镇办、林场摸清现有油茶资源、造林空间潜力、产业链发展等情况，建立油茶产业发展数据库，掌握全市油茶产业现状和空间布局。摸底调查内容包括适宜油茶造林地块、意向造林业主等。三是创新新型市场主体投入模式。随县乡投集团筹备成立了随县林投公司，拟由林投公司融资5亿元，全程参与油茶奖补项目建设。广水市文化旅游产业投资有限公司为牵头单位，将油茶奖补项目与国家储备林项目相结合，在国家储备林资金中划拨部分资金作为油茶奖补项目地方配套资金，由造林业主直接与银行签订贷款协议，确保资金安全运行、专款专用，保证油茶产业发展示范项目顺利实施。

四是强化技术支撑。根据市政府常务会要求，已初步确定中国亚林所姚小华研究员、中南林业科技大学袁德义教授、湖北省林科院程军勇研究员组成专家团，服务于油茶奖补项目。2023年9月，随州市自然资源和规划局联合湖北省林业科学研究院举办油茶技术培训班，邀请中国林业科学研究院亚热带林业研究所油茶首席专家王开良研究员、市政府副秘书长以及油茶良种应用与丰产栽培关键技术等方面专家，就如何推进中央财政油茶奖补示范项目落地实施进行授课，150余名相关工作人员、技术人员参加培训。

## 六、广东河源市油茶产业发展示范奖补项目

项目内容包括新造油茶林8万亩、低产林改造4万亩、管护抚育12万亩、水肥一体化12万亩、良种苗圃基地0.1万亩等。项目建成后，将进一步推动河源油茶产业高质量发展，合力提升河源市油茶全产业链发展水平，打造全国油茶产业发展的示范样板和新高地。2023年已下达中央财政油茶产业发展示范奖补项目资金1.2亿元，资金根据实施方案任务情况分解到各县（区）。2023年油茶新造任务2.4万亩、低改1.2万亩、抚育3.6万亩，已基本完成阶段性任务。主要做法如下。

一是高度重视，加强谋划。河源市政府及市林业局多次召开会议，专题研究推进中央财政油茶产业发展示范奖补项目，督导推进项目实施；对《河源市中央财政油茶产业发展示范奖补项目实施方案》和《河源市中央财政油茶产业发展示范奖补项目资金管理办法》进行讨论，并提出修改意见。

二是精心组织，扎实推进。河源市成立了以市长为组长的中央财政油茶产业发展示范奖补项目工作领导小组，明确了县（市、区）各相关单位的工作职责，组建了以林业部门为主的工作专班，负责推进油茶产业日常工作。市林业分管领导带领业务科室人员赴江西吉安学习推进中央财政油茶产业发展示范奖补项目先进经验，通过认真分析研究并结合河源市实际，制定了《河源市中央财政油茶产业发展示范奖补项目实施方案》及《河源市中央财政油茶产业发展示范奖补项目资金管理办法》，经多次征求相关单位及公众意见、内部合法性审查、市林业局党组会议研究讨论、市司法部门审查等程序后报市政府印发实施。同时，与技术团队充分沟通，科学制定油茶生产任务进度表，明确时间节点和工作步骤，形成工作倒逼机制，确保按时完成油茶种植任务。

三是完善机制，规范管理。各县（区）成立油茶工作专班，明确相关单位工作职责，形成齐抓共管工作局面，共同推进油茶生产进程。制定"每周一次会议，每周五一次报表，每周抽查调研一个县（区）点"工作机制，要求各县（区）每周报送生产进度，定期通报各县（区）工作情况，倒逼工作推进。根据中央财

政专项资金管理等文件要求，联合市财政局督促指导各县（区）结合实际制定资金奖补政策及管理办法，确保依法依规使用资金。严格按照申报实施方案及中央财政项目管理有关要求，保质保量实施项目。制定《河源市油茶产业发展技术支撑方案》，成立油茶技术团队，为各县（区）提供技术支撑，编制油茶营造作业设计和良种苗圃基地建设方案。邀请中国林业科学院、广东省林业科学研究院、华南农业大学、仲恺农业工程学院等科研院所专家教授团队指导河源市油茶产业发展，借助团队的力量科学规划油茶发展布局，提高油茶产量和质量，为高质量完成中央财政油茶产业示范奖补项目打下坚实基础。

四是强化督导，确保实效。将中央财政油茶产业发展示范奖补项目任务完成情况和资金拨付情况列入市林长制考核。市领导对油茶生产情况进行不定期调度，对相关情况进行通报，对排名靠后的县（区）政府分管负责同志进行约谈。适时到各县（区）实地督导、听取汇报，帮助县（区）查找差距，共同解决困难。

# 第六节　　几点启示

油茶主产区积极推动油茶产业高质量发展。一是优化产业发展政策链条。各地根据国家新近出台的产业发展目标和举措，制定了一些新的支持举措，增强了政策的延续性、创新性和可操作性，逐步形成和巩固了产业优势。二是增加财政投入。各地扩大了地方财政油茶产业发展专项资金规模，从全产业链延链、补链、强链的角度出发，对当前阻碍产业高质量发展的瓶颈问题，如基础研究、产业重大技术攻关研究、产品研发（副产物综合利用）、水电路基础设施建设、油茶果采后集中处理、冷链仓储补贴、油茶籽收购价补贴、市场营销、专业化服务等方面，加大了支持力度。三是提升政策合力。各地完善了组织制度，明确牵头部门、责任单位的主体责任，压实基层政府油茶生产责任，细化工作任务，及时跟踪工作任务推进情况，建立完善合作、沟通、协商、监督检查的长效机制。四是高水平创建省级公用品牌。"湖南茶油""江西山茶油""广西山茶油"公用品牌的打造,扩大了茶油品牌知名度和影响力。五是积极拓宽融资途径。各地大力开展"油茶+金融"战略合作,加大与金融机构的合作,降低贷款门槛、延长贷款周期,推广林权抵押贷款、林地经营权抵押贷款、预期收益权质押贷款等贷款方式,重点解决抵押、评估和变现的问题,扩大油茶融资规模和覆盖面。扩大金融支持范围。林业政策性贷款由主要支持种植环节向全产业链各个环节覆盖,将支持范围延伸至仓储物流、机械设备、三产融合等相关上下游产业,通过金融政策支持吸引土地、资金、技术、劳动力等生产要素向油茶产业聚集。六是全方位优化营商环境。制定出台油茶条例或规定,明确政府和部门职能、保障经营主体权利、规范市场经营行为,营造公平竞争的营商环境。着力发挥油茶专家团队和行业协会的作用。培育油茶专业化服务队伍,采用市场化的方式,解决好基层、林农和企业在生产、加工、销售中的用工需求,实现精准对接、专业服务。

## 第四章

# 油茶产业发展重点企业

在油茶产业发展中，企业扮演着至关重要的角色，在推动技术创新和产业升级、促进经济增长和就业、优化资源配置和提高生产效率、承担社会责任等方面发挥着重要作用。油茶产业发展离不开一二三产各企业的共同努力，全国各省（区、市）涌现出一批发展形势较好，产业链配套齐全的企业。从产业链各环节来看，包括上游配套及设备企业、中游茶油生产重点企业和下游的重点茶油应用及销售企业。

# 第一节　湖南大三湘茶油股份有限公司

## 一、公司基本情况

湖南大三湘茶油股份有限公司于2009年在衡南县工商局注册成立，注册资金1.65亿元，主营业务包括油茶育苗、种植、加工和销售。先后被评为农业产业化国家重点龙头企业、国家林业重点龙头企业、国家高新技术企业、国家油茶加工技术研发专业中心、国家绿色工厂、国家级放心粮油加工示范企业、省级认定企业技术中心、全国"万企帮万村"精准扶贫行动先进民营企业。下辖湖南大三湘茶油电子商务有限公司、湖南大三湘生态发展有限公司、衡南县大三湘农业发展有限公司、祁东县大三湘农业发展有限公司、永州大三湘油茶科技有限公司等10个子公司和1个油茶育苗基地。

公司注重品牌建设，"大三湘原香山茶油""大三湘浓香山茶油"等多款茶油产品获授权使用"湖南茶油"省级区域公共品牌；通过了ISO9001、ISO14001、HACCP体系认证和中国有机、欧盟有机认证；制定了"初榨山茶油""原香山茶油""山茶油""鲜榨山茶油"等4项达到国际质量标准水平的企业标准。公司按照"龙头企业+基地+合作社+农户"的农业产业化经营模式，共发展优质茶油种植基地60万亩，其中自建包括3个油茶庄园在内的高标准油茶示范种植基地4万亩，发展优质茶油订单，收购油茶种植基地56万亩。建有湖南省林业局油茶良种定点育苗基地500亩，油茶高标准高产示范基地400亩，油茶优良品种品比示范园120亩。

自创立以来，公司秉承"科技兴油茶产业"的发展战略，在过去15年里，申请自主知识产权210项专利，其中发明专利135项。大三湘独创鲜果鲜榨冷提茶油5.0工艺取得成功，该工艺突破茶油三大传统加工瓶颈，已达到行业领先水平，开启了油茶鲜果鲜榨新时代，在油茶产业创新发展上迈出了重要的一步。创新鲜油茶果连续制油技术，实现从鲜果到油的快速转化，仅需2小时，从而占领了油茶产业发展高地，并且作为中央财政推广科技项目在全国进行推广。截至2023年底，公司先后获得国家科学技术进步二等奖、梁希林业科技进步奖一等奖等一系列奖项。

图4-1　湖南大三湘茶油股份有限公司油茶基地

## 二、2023年度收获成果

2023年，公司在科技成果上收获丰盛。公司申请了专利7项，其中5项发明专利、2项实用新型专利，授权发明专利4项，发表核心期刊论文2篇。荣获湖南省科学技术进步奖二等奖。"山茶油高值化利用关键技术创新与产业化应用"项目荣获中国粮油学会科学技术奖二等奖，"特色油料全组分加工关键技术创新及应用"项目荣获中华神农奖一等奖。在人才培养方面，公司有1名员工入围高级工程师，培养了4名中级工程师，并有11人获得县级人才奖章。

2023年，公司获得国家知识产权示范企业、全国放心粮油示范企业、湖南省侨界助力乡村振兴示范基地、油茶加工示范基地、大三湘油茶产业衡阳市科普基地、衡阳市中小学生研学实践教育基地等资质。

## 三、2023年度创新模式亮点

为了油茶产业发展不断探索，2023年在适度规模油茶庄园模式基础上，大三湘茶油创新油茶经营模式，即油茶产业互联，共创东方树油茶产业联合体。公司自建油茶良种高产技术示范园300亩和油茶良种品比园120亩，通过优良品种、土壤改良、水肥一体化、生物期科学管护等一系列措施，解决现阶段油茶低产的问题。

通过"3+1"庄园产业运营模式，与金融机构、优势企业、政府紧密合作，共同助力油茶种植户发展油茶产业，从根本上解决了公司与农户的利益纠葛，激发了农民的行动力，让农民、政府、银行、企业和消费者联为一体。为此，公司启动油茶数字化平台的建设，以"茶油云"为目标，联合油茶种植户、茶油加工厂、茶油品牌商、茶油经销商和茶油用户，打造油茶产业链全数字化智能服务平台。

公司秉承"大河有水小河满，行业兴旺企业强，利益他人，成就自己，抱团取暖，合作共赢"的理念。以利他精神，将大三湘多年积累的全产业链经验和技术向志同道合的同行伙伴开放，先赋能他们的发展和盈利，共建数智化产业互联网平台，再找到合作共赢的方法，逐步做大平台，使平台反向赋能参与者，形成良性循环。通过大家共同努力，共创油茶产业高端品牌。

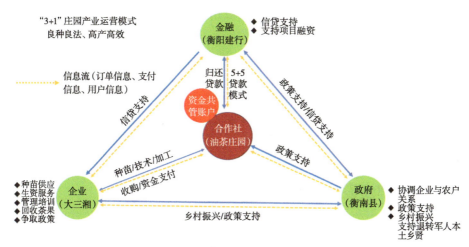

图4-2 油茶庄园模式结构示意

## 四、技术和产品创新

### （一）压榨茶油工艺创新

2023年，湖南大三湘茶油股份有限公司创新油茶籽微波增香技术，用于生产特级初榨山茶油。这种技术采用微波增香，减少烘烤增香时间，由内而外快速实现风味物质产生，避免长时间高温对活性营养的影响以及高温风险物质产生，已实现连续化工厂生产。

### （二）鲜果鲜榨茶油技术升级

首创鲜果直接制油技术，该技术通过机械方式将油茶果剥壳，破碎油茶籽压榨制浆，并通过破乳油水分离获得鲜果鲜榨茶油。2023年公司在原有工艺基础上创新助剂破乳技术，不再担心防爆、醇残留、脱溶蒸馏等问题，全过程采用低温物理制备，真正实现鲜果高效绿色制备技术，产品色泽呈墨绿色，口感和营养价值都有很大提高。

### （三）产品创新

通过和中国农业科学院油料作物研究所合作，公司创新茶油产品开发，研发出油茶鲜果油乳饮。这种饮品采用可以口服的鲜果鲜榨茶油，结合纳米乳化高压均质技术，研制出具有调节肠道益生菌群、改善血液循环的健康饮品。这一创新拓展了茶油应用场景，促进了油茶销售升级。

### （四）副产物创新

公司创新油茶副产物发酵技术，将油茶叶、油茶花、油茶果壳、油茶粕通过科学配比，采用有益菌发酵技术，制备具有分子量小好吸收、抗氧化、清除自由基的化妆品原料，该原料现已用于公司自主研制的红茶果系列护肤乳、洗护沐产品。

## 五、品牌建设成果

在品牌建设方面，公司取得了显著成果。公司致力于推广天然健康的生活方式，并成为中国油茶产业的引领者。为实现这一目标，公司不断提高产品质量，加大科研力度，完善质量管理体系，并建立起全面的营销网络。积极参与国家、省、市组织的各类品牌建设活动，以提升"大三湘"品牌的形象。公司致力于打造以科技创新和质量为核心的品牌文化，实现质量和品牌的相互促进和共同提升。

2023年，公司产品荣获湖南省十大茶油品牌、中部农博会金奖、首届中国（柳州）油茶交易博览会优秀产品奖等多项荣誉。公司的原香山茶油还被评为"湖南好粮油"产品，这些荣誉极大地提升了品牌的知名度和影响力。

公司还通过建设油茶产业联合体，共同打造了东方树品牌。目前，已经服务了40多个油茶种植户，共建东方树双品牌。此外，公司还为3家年产500吨油茶籽油的加工企业提供了技术支持和服务，并支持了30余家中小企业的服务建设。2023年，公司被认定为第一批省级帮扶龙头企业。

# 第二节　湖南新金浩茶油股份有限公司

## 一、公司基本情况

湖南新金浩茶油股份有限公司于1993年在湖南省永州市祁阳创办，是一家集研发、种植、生产和销售茶油等系列高档植物油于一体的现代化民营企业。先后被评为国家农业产业化重点龙头企业、国家林业重点龙头企业、全国经济林产业化龙头企业、全国油茶产业重点企业、全国放心粮油示范加工企业、湖南省高新技术企业、全国油脂加工企业50强、全国油茶籽油加工企业10强等。公司注册资本9000万元，总资产5.11亿元，年产值16.8亿元。拥有公司员工1180人，其中中高级管理人员、技术人员158人。

公司坚持走"公司+基地+农户"的现代农业产业化发展道路，开创了我国茶油行业发展的先河。公司以其产品的天然、营养而盛名，成为茶油行业中的领导者。目前，金浩茶油集团主打产品"金浩茶油"系列高档食用植物油，先后获得"中国驰名商标""有机食品""全国油茶籽油知名品牌""中国烹饪协会健康指定用油""湖南十大茶油推荐品牌"等荣誉称号。

## 二、发展模式亮点

公司以湖南为大本营，快速扩展至湖北、江西、西南、华东等区域，在不断强化本土市场的忠诚度和美誉度的同时，注重培养和发展在周边市场的知名度和认可度。

在传统销售渠道方面，湖南新金浩茶油股份有限公司采取深耕细作策略，巩固成熟市场，通过与经销商的紧密合作，实施合理的渠道方案，确保产品在各类渠道中全面覆盖，实现"金浩茶油"在每个城市和乡镇的广泛分布。同时，公司也在积极开拓具有潜力的新市场，并启动了"黄金门店"专项计划，专注于销售终端的形象打造。通过举办灵活多样的营销活动，金浩茶油旨在提高消费者对其品牌的认知度。

为了适应营销模式和渠道多样化的趋势，金浩茶油还积极拓展新的销售渠道，并采用了线上线下融合的发展策略。公司不仅在线上电商平台（如淘宝、天猫、京东、拼多多）上取得了显著的成绩，成为相关类目的前十名品牌，而且通过多年的经营，成功地将高质量的茶油及茶籽调和系列产品推向了更广泛的消费者群体。这一策略展现了金浩茶油的强大品牌实力和市场洞察力。此外，公司在京东平台的重要促销活动如"6·18"、"双十一"和"双十二"中，连续多年荣获茶油销售总榜冠军和单品冠军，进一步证明了其市场领先地位。

2023年初，湖南新金浩茶油股份有限公司凭借其前瞻性的市场战略，正式进军抖音平台。公司通过精心策划的内容，不仅培育了茶油品类的消费者市场，还加深了公众对茶油独特魅力和丰富营养价值的认识。利用抖音强大的直播和视频带货功能，金浩茶油成功促进了购买转化，让更多人体验到了茶油带来的健康与美味。

根据统计数据显示，2023年金浩茶油在抖音平台发布了超过1000篇关于茶油的内容，累计获得了近亿的浏览量。公司与数十位头部和肩部达人建立了长期合作关系，其旗下的有机山茶油等产品长期位于平台茶油品类的爆款榜、好评榜和人气榜前列。这些成就无疑表明，金浩茶油已经成为抖音平台上茶油品类的头部品牌。

## 三、油茶基地与加工基地

金浩茶油在省内祁阳、益阳、长沙望城铜官及江西萍乡建设了4个生产工厂。这些工厂配备了先进的生产线和设备，包括：鲜果鲜榨（祁阳工厂100吨热风爆蒲鲜榨生产线1条，望城工厂300吨/天搓蒲鲜榨生产线1条）、物理压榨（祁阳工厂100吨/天生产线1条）、浸出（祁阳工厂100吨/天浸出生产线1条，江西萍乡工厂100吨/天浸出生产线1条）、精炼（祁阳工厂100吨/天精炼线1条，望城工厂400吨/天精炼线1条）、恒温冷藏（3000吨茶油恒温冷藏车间1座）、智能化灌装（祁阳工厂30万级智能化洁净茶油专线灌装1条、300吨/天智能灌装线3条，望城工厂900吨/天智能灌装线5条）等生产配置。此外，公司还购置了配套完整的精密实验、检测与检验设备，并引进了先进的油脂精炼和茶油产品开发技术，年加工量达10万吨。

同时，公司充分利用国家有关林权制度改革的政策，大力发展自有高产油茶示范基地6000亩，同时在祁阳市潘市镇、梅溪镇、大忠桥镇、七里桥镇、观音滩镇等多个乡镇及祁阳周边合作建设了10万亩保价收购油茶种植基地，确保优质原料供应。

图4-3　湖南新金浩茶油股份有限公司茶油加工生产线

## 四、产品开发

### （一）鲜果鲜榨油茶籽油

公司着力研发营养成分含量高、新鲜度佳的油茶籽油，成功推出了鲜果鲜榨油茶籽油的产品。该产品工艺的关键在于从油茶果的采收到完成产品加工控制在72小时内，保证了鲜果鲜榨油茶籽油的新鲜度。采收过程中运用人工采摘的方式，最大程度上减少了对油茶果的物理损伤。新鲜采摘后的油茶果经脱蒲、色选等加工工艺，去除油茶果外壳。油茶籽仁经烘干调制、揉搓破碎后进行物理压榨，得到毛茶油和油茶籽饼粕，油茶籽饼降温冷却保存，毛茶油进行袋式过滤和板框过滤后即得到成品鲜榨油茶籽油，能够保留油茶籽油中的活性营养成分：角鲨烯≥94毫克/千克，甾醇≥240毫克/千克，维生素E≥165毫克/千克。同时避免青果晾晒储存过程中因霉变导致的黄曲霉毒素B1的污染，获得了高含量的不饱和脂肪酸，控制了反式脂肪酸含量，0添加抗氧化剂，从而确保了产品的绿色安全营养。针对茶油的储存，采用室内低温存储方式，确保茶油在存放过程中的酸价和过氧化值的稳定性。公司建立30万级的洁净车间，在恒温恒湿的环境下进行灌装，降低产品的微生物污染风险。

### （二）甘油二酯油茶籽油

油茶籽油在储存加工过程中，其中不饱和脂肪酸、亚油酸容易氧化，不利于茶油的储存和加工，对茶油中的脂肪酸组成也有一定影响，会影响到茶油的最终品质与营养活性。公司查阅各类研究发现，若能将甘油二酯与茶油结合，则可以生产出既具有甘油二酯功能特性又保留茶油特有的脂肪酸组成的产品。甘油二酯具有较好的生物活性，能够防止脂质积累，减轻体重，调节脂蛋白水平和降低血脂。

### （三）功能性油茶籽油

借助化学、细胞和动物层面的功能评估试验，通过确证性研究，深入挖掘茶油在抗氧化、降血脂等方面的健康益处。基于这些研究，我们从中选择出效果显著的保健特性，根据市场需求，进行功能食品的开发研究。按照国家保健食品申报要求，进行配方设计、稳定性实验、毒理实验、动物功能实验、人体试食实验等研究工作，为功能性油茶籽油食品的研究奠定坚实的基础。

### （四）新品开发

公司利用自身的渠道优势，结合产品特色，针对不同市场、不同消费形态，研发不同的产品。公司已拥有金浩、油中王、金多多、宫廷黄金四大品牌，主营油茶籽系列高档食用植物油产品。其中，高端食用油品牌"金浩"茶油，专注于高端市场，全力将金浩打造成茶油的代名词，深耕油茶籽油系列产品。"宫廷黄金"是"金浩茶油"旗下优质食用油子品牌，秉承"品质生活，放心好油"的品牌理念，为消费者提供高品质的食用植物油。为满足不同消费人群的健康营养需求，"油中王"品牌打造多款"明星"产品，在明星产品持续发力的基础上，借助代言人王燕的品牌影响力，实行多元化发展。"金多多"是金浩集团旗下最年轻的品牌，旗下有金多多油茶籽油、金多多亚麻籽油、金果果椰子汁等，通过社交电商、新零售渠道，旨在打造会员制创享平台，通过技术打通工厂、门店和终端用户。

## 五、公司产品开发

公司加强与相关科研机构和高等院校的技术开发合作，已与湖南省林业科学院、湖南农业大学、江苏大学、江南大学、武汉轻工大学、中国农业科学院油料作物研究所、河南工业大学等院校及研究所建立了紧密的合作关系，开展油脂化工、油脂保健及医药领域的前期研究工作。公司十分重视新技术、新产品的研发，每年投入研发的经费超过1000万元且逐年递增。

公司四大生产工厂共建有十多条工艺先进的预榨、精炼、灌装自动化生产线，配备了油茶籽油低温储存车间、油茶种植基地。公司专注技术的开发，已获得多项实用新型专利与发明专利授权。这些专利涵盖了低反式脂肪酸增量的油茶籽毛油精炼工艺、油茶籽油的保鲜贮藏方法、高不饱和脂肪酸茶油的制备方法等多个领域。此外，公司还开发了一种油茶籽青果鲜榨制备高抗氧化性油茶籽油的方法、食用茶油制备注射用茶油的方法，以及从茶籽饼粕中提取茶皂素的方法。这些技术确保了食用油脂的安全性及营养性。同时，公司锚定化妆品行业的发展前景，从技术上进行攻关，研究了化妆品茶油制备技术、抗衰老洗面奶及其制备的方法、油茶抗皱护理油、杀菌护肤冻疮膏、抗衰老精华液，延伸了茶油在化妆品行业的应用价值。此外，公司着力开发了辣椒酱、麻辣小鱼仔等食品，提高了金浩茶油的市场竞争力。

公司取得了多项研究数据与成果，为粮油行业的发展提供了一定的技术支持和促进作用。公司在油茶籽油的工艺、油脂产品的配比、油茶籽的种植等方面进行了研究探讨，具备了一套自有的研发技术，这在一定程度上加强了公司的科技实力与背景。公司还将继续对生产流程进行深入分析，研究出最优的方案，并进行实验验证。同时也将在茶油的种植、工艺、生产以及质量保证方面进行更加深入的研究，以突出公司产品的亮点，提高公司产品的品质，并且研发出营养价值更高，具有更多功能性特性的产品。

## 六、品牌建设

作为茶油行业领导者，金浩茶油一直在品牌营销方面领先同行业。金浩茶油不但与央视、卫视、红网、腾讯、新浪等主流媒体平台签订了战略合作协议，而且还通过邀请明星代言、大型活动参与等方式，增加企业的曝光度、加深品牌的影响力。

此外，金浩茶油以交通站点这类具备强大聚客效应和场景共情特征的地点为核心，全线覆盖"交通类"媒体，包括机场、高铁、高速、地铁、公交、楼宇梯牌等，实现了与出行媒体无缝连接。通过多种媒体联动，金浩茶油向广大消费者展示了其强大的品牌实力，同时持续增强品牌赋能，彰显其作为"农业产业化国家重点龙头企业"的品牌形象。

金浩茶油还与食用油行业头部媒体油讯签订战略合作协议，与短视频巨头抖音携手发起全民任务挑战，积极配合各部门参加湖南油茶节、农博会等中大型展会，紧抓每一个机遇，打造茶油品牌新标杆。

## 七、销售渠道

湖南新金浩茶油股份有限公司已发展成为一家集科研、种植、生产、销售茶籽系列及高档植物油于一体的现代化民营企业，建立了由经销商、KA卖场、BC店、线上电商平台、抖音直播带货、新零售和大客户服务等组成的多层次密集分销网络。

## 八、荣誉

公司产品在大中城市及沿海发达地区广受欢迎，成为同行业中的知名品牌。金浩茶油获得诸多荣誉称号，包括"质量免检产品""有机食品""放心粮油""健康营养用油""全国油茶籽油知名品牌""第十届IEOE中国（北京）国际食用油产业博览会金奖""湖南名牌产品""湖南省著名商标""袁隆平特别奖"等。此外，公司先后被评为农业产业化国家重点龙头企业、全国经济林产业化龙头企业、国家林业重点龙头企业、全国放心粮油示范加工企业、全国油茶产业重点企业等。

# 第三节　江西星火农林科技发展有限公司

## 一、公司基本情况

江西星火农林科技发展有限公司位于袁州区国家农业科技示范园区内，是一家集油茶科研、苗木繁育、生产加工、旅游观光、食用菌栽培、生物有机肥生产与销售于一体的科技型现代农林企业，先后被认定为"国家林业重点龙头企业""全国油茶科技示范基地""中国油茶产业百强企业""省级现代农业示范园""江西省森林食品基地""江西省工业旅游示范基地""江西省油茶加工重点企业""农业产业化省级龙头企业"。

公司投资2.2亿多元在袁州区西村镇、新田镇、天台镇建成总面积20000多亩的高产油茶示范基地4个、600多亩的油茶种质资源库1个及30多亩的高产油茶苗木繁育基地1个。建成了占地5000多亩的江西星火油茶产业科技示范园。在油茶产业科技示范园核心区建成占地1500多亩的集油茶科研、油茶精深加工及食用菌栽培与加工、生物有机肥生产与销售等为一体的油茶及附属产品科研加工中心。企业被宜春市科技局批准为宜春市油茶工程技术研发中心，被江西省科技厅认定为"高新技术企业"，被江西省发展和改革委员会认定为"江西省企业技术中心"。

图4-4　江西星火农林科技发展有限公司油茶基地

## 二、公司品牌

低温压榨油茶籽生产加工工艺获国家发明专利（专利号：ZL 2013 1 0324096.2）。"新田岸""宜贝籽"浓香型营养茶籽油已通过有机产品认证（证书编号：164OP2000001）、HACCP（危害分析与关键控制点体系）认证、ISO9001（质量管理）体系、OHSAS18001（职业健康安全管理等体系）认证。"新田岸"油茶籽油先后获得"比利时布鲁塞尔国际风味暨品质评鉴所顶级美味大奖""第二届生态鄱阳湖绿色农产品博览会金奖""首届江西林业产业博览会金奖""江西农产品百强企业产品品牌""比利时布鲁塞尔国际风味暨品质评鉴所顶级美味大奖""中国茶油十大知名品牌""消费者最满意十大宜春富硒农产品奖"等荣誉。

## 三、技术创新

公司利用油茶果壳、农林废弃物等原料建成茶香白鲜菇生产线，年产茶香白鲜菇2000吨。该技术获得国家发明专利（专利号：ZL 2014 1 10444783.2）。企业利用油茶壳及茶香白鲜菇菌渣生产多元复合新型微生物有机肥，年产量达50000吨，这为油茶果壳等资源循环综合利用开辟了一条新的途径。

## 四、建设成果

公司的影响力辐射带动当地油茶产业科学发展，引领传统油茶产业改造升级，推进当地油茶产业化进程。在西村镇、新田镇、天台镇三个乡镇，共有30多个村组2900多户农户投身油茶林的建设项目当中，这些农户户均年增收1.8万多元。公司的贡献得到了江西省农业农村厅、江西省扶贫办公室的认可，被认定为"农业产业化省级扶贫龙头企业"。

## 第四节　广西三门江生态茶油有限责任公司

### 一、公司基本情况

广西三门江生态茶油有限责任公司位于柳州市柳东新区,是广西壮族自治区林业局直属广西国有三门江林场全资子公司,2014年3月注册成立。公司依托自有的7万多亩有机油茶种植基地,建成了年产3000吨的山茶油精深加工生产线,是一家集油茶栽培、基地建设、科技研发、精深加工、市场营销为一体的全产业链企业。现公司已发展成为国家高新技术企业、国家林业重点龙头企业、全国放心粮油示范加工企业、中国油茶科创谷第一批加工示范基地、广西壮族自治区农业产业化重点龙头企业、中国油茶产业"百强企业",通过了有机产品、有机种植基地等认证,荣获第四届"中国林业产业突出贡献奖"。参与起草制定"特、优级油茶籽油""广西山茶油""广西优质山茶油"团体标准,上述标准已正式实施。

### 二、技术创新

公司聚焦油茶科技研发,在油茶精深加工技术与工艺上不断创新突破,构建了油茶鲜果(籽)处理关键技术、适度精炼技术、低温高效精滤技术等茶油精深加工工艺体系,开发油茶鲜果分级技术、油茶籽笼型三段式节能清洗技术、入榨物料

图4-5　广西三门江生态茶油有限责任公司加工生产线

冷风循环降温干燥技术等关键生产技术，成功研发油茶青果全自动脱壳分选成套设备，先后获得发明专利1项、实用新型专利9项。

## 三、产品开发

公司致力于山茶油精深加工及其衍生产品研发，主推的"桂之坊"山茶油通过香港标准及检定中心（STC）优质"正"印认证、深圳标准·圳品及广西优质山茶油认证，获首批中国林草产业关爱健康品牌、"广西好嘢"农产品品牌、第一届世界林木业大会木本粮油和林下经济产品类特等奖等荣誉。研发"茶大夫"山茶洗洁系列、"茶养芙"山茶+中药洗浴养护系列产品，实现油茶系列产品多样化，延伸油茶全产业链。

## 四、渠道建设

公司全面拓展营销渠道，品牌产品入驻中国建设银行"林特产品馆"、脱贫地区农副产品"832平台"、京东商城、广西消费帮扶馆、广东东西优选网、"圳帮扶"和"国铁商城"等平台，开展原料、半成品及成品集采贸易，并为同行企业提供"一站式OEM+"服务，实现多元化发展、线上线下多点开花营销新局面，2023年主营收入超1.2亿元。

## 五、模式创新

公司采用"公司+院校+基地+农户"农工贸一条龙、产学研一体的经营模式，与高校开展技术合作，成为广西科技大学"校外实习基地"、柳州工学院"就业创业实习实践基地"。公司有4名业务骨干担任广西科技大学外聘教师，推动传统油茶产业模式转型升级。2023年，公司协办首届中国（柳州）油茶交易博览会及2023年全国油茶产业发展现场会，先后接待来自全国15个油茶主产区的考察交流人员、高校科研人员、周边油茶种植农户等6000多人次。

公司积极探索打通产业帮扶"最后一公里"通道，在百色市隆林县打造万亩油茶产业帮扶振兴种植基地，该基地被认定为五星级广西现代特色农业示范区,每年优先收购周边地区困难农户油茶籽,提供一站式来料精深加工服务,赋能乡村振兴,保障国家粮油安全。

# 第五节　湖北黄袍山绿色产品有限公司

## 一、公司基本情况

湖北黄袍山绿色产品有限公司是一家专业从事油茶产业化开发的高科技公司,先后被评国家林业重点龙头企业、全国放心粮油加工示范企业、省林业产业化重点龙头企业、省高新技术企业。公司秉承"绿色、健康、低碳、可持续"的经营理念,围绕基地种植、精深加工、产品研发、市场开拓等环节,与多所大专院校建立了"产学研"合作关系,取得了较大突破,特别是"油茶籽脱壳冷榨生产纯天然油茶籽油"技术的研究,荣获国家发明专利,填补了国内空白。公司整体通过ISO22000食品安全管理体系认证和湖北省出口食品卫生注册备案,产品先后通过"绿色食品""有机产品"认证,"本草天香"商标被认定为"中国驰名商标","黄袍山油茶"被认定为"地理标志商标"。已经形成了"本草天香"牌高端油茶籽油系列产品和"上古之水"牌天然活性洗护用品两大品牌。公司率先在湖北省推广无纺轻基质育苗技术,建成1000平方米的全自动温控育苗试验中心和120余亩的省油茶良种定点繁育基地,每年为社会提供良种油茶苗500万~800万株。采用"公司+合作社+基地+农户"的模式,按GAP栽植技术要求,流转建设6万余亩的高标准示范基地,带动通城县新增油茶种植面积20余万亩,为地方致富做出积极的贡献。

公司规划投资5.95亿元建设"通城县油茶三产融合产业发展示范园",园区共分5大功能区:农业观光示范区、农产品深加工区、绿色产品交易区、高新农业孵化区、仓储物流中心。已经完成了一期工程建设,建成集精深加工、油茶品种研发、科研教学培训、鄂南茶油储备及生态文化旅游于一体的"国家级油茶产业示范园",并被评为"国家3A级旅游景区"。公司通过建设三产融合示范园，整合了现代农业技术资源，并充分利用现代营销手段，快速提升涉农企业及农民的专业技能。这种模式能使农特产品在产地实现线上线下融合快速销售，从而推动了通城县农特产品的生产发展，为巩固拓展脱贫攻坚成果提供有力支撑。

图4-6　湖北黄袍山绿色产品有限公司油茶产业园

## 二、成功经验和主要做法

一是创新产研体系，以高科技支撑产业发展。公司不断完善产学研相结合的科技创新体系，全面提升企业自主创新能力和产业竞争力。公司每年投入销售收入6%以上的研发资金，先后与湖北省林业科学研究院、武汉轻工大学、中国人民解放军总医院、中国林业科学院亚热带林业研究所、南昌大学、湖北中医药大学、中国农业科学院油料作物研究所、江南大学等8家科研院所和高等院校建立产学研基地、博士后基地，形成长期稳定的技术合作关系。公司成功突破了油茶良种繁育、油茶冷压榨、天然洗护产品适用配方等技术难题。"油茶籽油加工关键技术创新及产业化应用"获湖北省科技进步一等奖，"油茶良种化工程与高产高效技术集成应用"获湖北省科技推广三等奖。

二是因地制宜，多种形式建基地。公司首创了"股份合作制"基地建设模式，经过充分确权后，农户以土地入股，公司承担产出前的投入，实行公司与农户按六四比例分成。流转期限一般为50年，到期后基地归农户所有。基地管理采取划块承包方式，就近承包给当地农户，农户获得管护收入。加入公司基地管理的低收入农户有1500多人，这些户每年可从基地管理中获取3000元到10000元不等的劳务收入。部分帮扶基地已经开始挂果收益，四庄小井村、五里程丰村、石南杨山村、马港石溪村、塘湖麦市村等基地亩产茶果超过400千克。公司股份基地超过20000亩已经试挂果，有的基地亩产超过400千克，产值1200元。进入盛产期后，每年每亩产值可达3000元以上，纯收益不低于2000元，农户每年每亩可分红800元以上。除股份合作制外，公司还引导专业能力较强的人士组织贫困户自行成立合作社。公司对接合作社，统一提供种苗、技术服务，保底价回收油茶籽，每年还借支一定的基地抚育管理费，待基地收益后再扣还。

三是建档立制，技术培训全覆盖。公司针对通城县所有油茶基地，建立完善了管理服务体系，全程免费提供技术咨询、培训、现场指导，确保基地管护人员掌握专业技能、增强应变能力。每年举办2期以上技术培训班，不定期组织参观学习。公司出资组织镇村组领导和油茶种植大户180多人次到江西、湖南等地参观学习，每年组织村组农户到公司示范基地或股份基地参观学习，累计组织参观学习活动10余场次。多年来，公司先后举办培训班22期2400余人次，印发培训资料3000多册。

四是重点帮扶，典型示范见成效。结合产业特点，公司对部分村和特困户进行重点扶持和引导，促使增强造血功能。2023年扶持冷塅村建油茶基地2000多亩，在阁壁村新建油茶基地1200亩。公司建设和管护的基地面积超过350亩，计划在42个重点村加大油茶基地建设力度，在每个村推广建设高产油茶基地500亩，扶持每户建管油茶基地50亩（建设10亩，管护40亩）。达产后，每村每年可获得油茶毛收入100万元以上，农户每年可获得油茶毛收入3万元以上。通过这些措施，让农户有持续稳定的收入来源，并真正成为"金山银山"的建设者和拥有者。

五是创新产业融合及经营模式。为保证原料的稳定供给，公司通过"公司+

基地+农户"的模式开展了大规模的油茶基地建设,与通城县油茶各主产乡镇农业技术服务中心签订了收购合同,并与县农业技术推广中心签订了油茶技术服务协议,建成高标准示范基地10万亩。通过"企业+基地+农户"的模式,由公司免费提供良种苗木、无偿提供技术服务、保底价回收油茶籽,以灵活可行的利益联结方式,激发农户参与油茶种植的积极性,切实保障农户增收和公司原料的供给。该模式有助于促进社会资本、技术和劳动力等要素向油茶产业集中,通过联建油茶基地,实现风险共担,提升产业应对风险能力。

# 第六节　河南省联兴油茶产业开发有限公司

## 一、公司基本情况

河南省联兴油茶产业开发有限公司,成立于2009年,位于河南信阳市光山县官渡河产业集聚区,是一家以油茶种植、山茶油及菜籽油加工、销售、科技产品研发为主的综合性省级农林重点龙头企业。公司是高新技术企业、省科技型中小企业、省创新型中小企业、省专精特新中小企业,固定员工86人,常年灵活就业3200余人,专科以上专业技术人员23人。公司基地总面积3.18万亩,下辖6个分公司、5个专业合作社及2个家庭农场。按照"公司+合作社+基地+农户"的模式,先后在光山县、罗山县的7个乡镇16个行政村流转土地3.18万亩,建成油茶种植基地21600亩、油茶苗培育基地200亩。公司下设综合部、基地部、生产部、财务部、人事后勤部、科研部、党建与宣传部、营销运营中心等职能部门。2020年创建了"联兴油茶产业智慧科技园",占地面积68000平方米,公司建有年加工3万吨油茶籽、油菜籽的加工厂1座,该加工厂采用国内领先的压榨生产工艺,年产成品油8700吨,仓储能力1.3万吨。

公司先后获得"全国油茶科技示范基地""全国农村创业园区""全国万企帮万村先进民营企业""国家级生态农场""河南省林业重点龙头企业""河南省农业产业化重点龙头企业""河南省放心粮油示范加工企业""河南省绿

色食品示范基地"等30多项省级以上殊荣。公司法人陈世法先后被授予"全国绿化劳动模范"、"全国科普惠农兴村带头人"、"全国优秀农民工"、"出彩河南人"2020乡村振兴人物等荣誉称号。

图4-7　河南省联兴油茶产业开发有限公司油茶基地

## 二、公司产业发展优势

### （一）产业基础优势

2019年9月17日，习近平总书记亲临公司油茶基地视察。信阳市委、市政府牢记总书记的嘱托，出台了支持油茶产业高质量发展的一系列政策，促进了当地油茶产业快速发展。目前，信阳市油茶种植面积已达110万亩，其中光山县29.2万亩。联兴油茶产业开发有限公司现有油茶种植基地2.16万亩，年采摘油茶果1.4万吨，总产值达7000多万元。标准化良种繁育基地已发展到200亩，是豫南地区规模最大、标准最高的良种基地，年繁育1~3年生优质油茶种苗400余万株，能满足9万亩油茶种植的需要。公司参与制定《信阳山茶油》《特优级油茶籽油》2项标准。

### （二）产品开发优势

公司拥有年处理油茶籽、油菜籽3万吨的精品山茶油、菜籽油生产线，年产成品油8700吨。公司产品有"联兴"山茶油、"世法"山茶二酯油、"玉肌汉方"牌山油茶护肤品、"御东岳"生态茶4大品牌30多个单品。"联兴"山茶油、菜籽油已通过"绿色食品"和"有机农产品"认证，分别获全国"名特优新农产品"、河南省"我最喜爱的绿色食品"、"中国（柳州）油茶交易博览会优秀产品奖"、"中国安徽名优产品暨农业产业化交易会（2021.合肥）参展产品金奖"、"信阳市知名农业品牌——农产品品牌"等荣誉称号，并入选全国"832"扶贫产品名录。公司产品在大中城市和网络上广泛销售，并取得了一定的市场占有率，得到了广大消费者的一致好评与信赖。

（三）科技研发优势

公司立足于科技，与高等院校和科研机构合作，致力于油茶产业延链、补链、强链的研发工作，促进科技成果的转化。先后与信阳师范大学、信阳市林业科学研究所、信阳农林学院等创建了"国家星创天地""河南省油茶加工工程技术研究中心""油茶绿色深加工中试基地""信阳市油茶种质创新与高值化利用重点实验室"等研发平台，设立了博士工作站。

## 三、科技创新点

在自身发展的同时，公司一直注重科技产品的研发，延伸产业链。公司从油茶花、油茶籽饼中高纯度提取茶多酚、茶皂素等元素，开发出7大系列11个单品的"玉肌汉方"牌山茶油护肤品。通过科技研发平台的建立和产学研活动的开展，与华南理工大学、中国科学院华南植物园合作研发"山茶甘油二酯油"及系列保健食品，得到省市科技主管部门的重视和支持。

未来十年，公司将以油茶主产业链为重点，通过精深加工、生态旅游，构建油茶一二三产业融合体系，打造集特色产业、高附加值产品研发、农事体验、旅游观光、生态康养于一体的田园综合体，发挥产业优势及龙头企业示范带动作用，让青山添颜值、油茶有价值、百姓增效益，与父老乡亲一起致富，让老百姓的"钱袋子"真正鼓起来。

# 第七节 湖南省茶油有限公司

## 一、公司基本情况

湖南省茶油有限公司（以下简称茶油公司）是湖南省属唯一国有大型综合性农业企业——湖南农业发展投资集团有限责任公司成员企业。茶油公司位于湖南省长沙市芙蓉区，注册资本金3000万元，为中国林业产业联合会木本油料分会副理事长单位、湖南省油茶产业协会副会长单位。经过多年的发展，茶油公司现已成为集油茶育苗、种植、生产、销售及精深加工于一体的全产业链现代化茶油企业。

茶油公司拥有专业技术研发人员23人，并与国家油茶工程技术研究中心、国家林业和草原局油茶研究开发中心、全国特色食用油功能与营养联合创新中心、湖南省油茶工程技术研究中心等机构建立了合作关系，共同推进成果转化。公司通过科技创新构建了包括种苗繁育、纯茶油压榨、副产品加工、仓储物流以及新媒体营销等在内的油茶全产业链服务体系。其中，公司自主研发的100%纯茶油物理压榨工艺，为业内最先进的油茶生产工艺之一，其产品可凉拌可直饮，能够充分保留茶油原香。

茶油公司坚持"专注油茶产业，守护健康用油"的发展理念，打造涵盖油茶种业科技、油茶种植、油脂收储、油料贸易、油茶加工生产和品牌茶油销售等在内的油茶全产业链服务体系，在多省市县设立油茶苗圃基地，保障种苗良种。茶油公司拥有油茶产业专业供应链平台，围绕湖南省多个油茶生产大县，形成油茶产业集群，提供茶油生产、加工、检测服务。茶油公司现已建成2条年产5000吨压榨纯茶油生产线，拥有1条年产1000吨浸出茶油生产线、年产600万株苗木标准化苗圃繁育基地、4个高标准油茶种植基地。茶油公司拥有"林之神""岳露""帅牌""芙蓉飘香"等食用油品牌，"茶诺""木本堂"等日化护肤品品牌，担负着"湖南茶油"公用品牌运营管理重任，并搭建了集油茶种植、加工、仓储标准化、技术培训、产业交易、金融服务等于一体的油茶产业互联网综合服务平台。

"十四五"期间，茶油公司全力打造湖南省油脂油料交易平台和油茶全产业链服务体系，以数字化、标准化和平台化放大"湖南茶油"公用品牌的市场影响力和号召力，进一步推进湖南省油茶产业规模化发展，提升科技创新水平，积极探索产业发展新模式，不忘初心、牢记使命，承载起湖南省委、省政府赋予的食用油稳产保供、粮油安全和助力乡村振兴、产业发展等重任，引领湖南省油茶产业高质量健康发展。

## 二、公司发展亮点

2023年，茶油公司全年销售纯茶油614吨，实现销售收入7063万元，较2022年增长3.39%。公司在科技创新、新产品研发以及品牌渠道建设上均取得了不俗业绩。

在油茶产业科技创新上，一是加大研发投入，创新专利技术。全年共投入研发资金600多万元，获授权发明专利1项（"一种山茶原花青素面膜及其制备方法"），申请发明专利2项（"一种脱酸塔脂肪酸防溢流装置""一种油茶籽鲜果自动化加工工艺"）。二是积极开展产学研与科研创新平台创建工作。完成与农业农村部食物与营养发展研究所共同创建全国特色食用油功能与营养联合创新中心，合作开展"特色食用油营养评价理论体系与指标体系构建"工作，为消费者提供更加准确科学的食用油选择依据，推动特色食用油产业的健康发展。三是完成科技成果验收转化2项。"茶油绿色物理精制及副产物精深加工技术创新与应用"研究成果应用于公司"金健"茶油及"木本堂"油茶副产品转化；"'湘林210'等油茶良种及新品种容器大苗繁育关键技术及应用"已成功应用到公司油茶产业种苗培育技术中，为油茶种植产业化提供优质种苗质量和成活培育保障。四是完成1项核心技术攻关项目立项，即永州市"揭榜挂帅"十大科技创新项目"新一代高品质山茶油绿色低碳智能化加工核心技术"。

在茶油衍生品和新产品研发上，一是拓展茶油衍生品和新产品研发。2023

年，茶油公司共完成5款新产品研发及上市，包括"岳露"茶油、"茶诺"副产品2个系列5款新产品。二是同步推进衍生品和茶油新产品技术研发。与湖南省林业科学院联合申报"油茶皂苷高效闪式提取中试研究与示范"项目、与中南林业科技大学联合开展"特色茶油及其衍生品生产和茶粕高值化利用关键技术创新与应用"研究，促进茶油衍生品和新产品基础技术研发。

在品牌宣传推广上，2023年，茶油公司偕"湖南茶油"公用品牌先后参加第三届中国国际消费品博览会、第八届中国国际食品餐饮博览会、第二十四届中国中部（湖南）农业博览会等相关会议，有力地扩大"湖南茶油"公用品牌的美誉度。公司"林之神"品牌先后获得中国国际食品餐饮博览会最受消费者喜爱品牌奖、第十三届中国粮油榜十佳粮油优质特色产品等荣誉称号。

在营销渠道建设上，一是完成"湘农政企购"供应链平台搭建上线并投入运营。二是完成天猫和京东"林之神旗舰店"产品上架和店铺上线运营。三是开设"岳露京东自营旗舰店"，成为京东首家直接扶持的自营食用油店铺。四是与第三方专业团队合作，搭建包括抖音、视频号、小红书等在内的新媒体电商矩阵体系，实现了销售渠道全覆盖。

# 第八节　几点启示

为积极培育企业发展新动能，可采取以下策略。一是延长产业链。扶持企业提升茶油及副产物加工技术水平，鼓励开发茶油加工食品、保健品、护肤品等衍生产品，增加产品种类，提高油茶产品市场竞争力。二是培育航母级龙头集群。积极支持配合央企和地方国企进驻油茶产业，充分发挥国有企业的资金优势和技术优势；培育国家林业（农业）重点龙头企业，形成以龙头企业为引领的省级油茶产业"航母集群"。三是培育发展新的产业集群。引导企业向园区、优势区集聚，利用技术集成和规模效应形成新的竞争优势，培育发展新的产业集群，支持建设油茶果储运初加工基地、茶籽仓储中心，发展仓储运输、冷链物流，构建油茶产品市场流通体系，建设产销一体、品牌效应突出、集群化发展的油茶产业示范园及油茶综合性交易中心、油茶商品批发交易市场。

## 第五章

# 油茶产业发展的
# 代表性产品

油茶产品丰富，形成了食用油脂产品、保健功能产品、日化产品等多系列产品。在油脂产品方面，除传统的压榨茶油、浓香型茶油外，水提茶油、鲜果榨茶油、超临界提取茶油也作为食用油使用，开发出直饮茶油、甘油二酯产品、夹心凝胶软糖等功能产品。茶油在化妆品领域的应用不断深入，已经研发出山茶精华乳、润肤乳、眼霜等系列产品。在副产物利用方面，除传统的皂素清塘剂和日化产品外，还开发了皂素改性灭火材料、水凝胶保鲜剂和发泡剂等产品。

# 第一节　油茶籽油

## 一、压榨茶油

压榨茶油一般是指使用物理压榨工艺制备的茶油。室温压榨制备茶油是目前我国比较常用的工艺，相对传统热榨工艺，室温压榨减少了轧坯、蒸炒等高温预处理工序，调质后以常温进入压榨机，借助机械外力作用，直接将油脂从油料中挤压出来。生产规模较大时使用双螺旋压榨机，规模较小时使用单螺旋压榨机和液压榨油机。

### （一）原味茶油

以优质茶籽为原料，经过风选机、清籽机、比重机去除表皮和不饱满茶籽，精选出优质茶籽。这些茶籽在常温下进行压榨，并自动投料，压榨出的茶油在0℃环境下静置48小时，通过适度精炼技术，符合食品安全指标和《油茶籽油》要求。原味茶油颜色清亮，入口醇厚不油腻，是国内茶油消费的主力产品，占全国年销售量一半以上。

### （二）浓香茶油

选取优质的油茶籽，通过控制烘烤温度、仁壳比等措施，使油茶籽在烘烤过程中发生美拉德反应，生成多种呈香物质，烘烤后通过双螺杆等进行压榨，压榨后毛油经隔膜过滤机过滤,再经过冷冻精滤获得成品油。浓香茶油风味浓郁,在茶油主产区广受欢迎。该产品湖南大三湘茶油股份有限公司年销售约200吨,浙江久晟油茶科技有限公司年销售约300吨、浙江康能食品有限公司年销售约50吨。

（三）直饮山茶油

一般以压榨毛油为原料,通过物理精炼的方式去除细小颗粒胶体、蜡质及高凝点脂,从而降低油脂黏度,更完整保留活性营养成分,使得油脂口感更加轻盈,更适合直饮。直饮茶油一般为小包装。目前湖南大三湘茶油股份有限公司、安徽龙城集团、贵州黔玉茶油科技有限公司等多家公司均有该产品销售。

（四）二酯油

将甘油三酯质量含量为95%以上的茶油与甘油进行混合后,添加酶进行甘油水解,将反应物进行蒸馏,除去甘油、脂肪酸、甘油一酯、甘油三酯后得到粗茶油甘油二酯,再将得到的粗茶油甘油二酯进行分提茶油甘油二酯,得到的产品具有天然可可脂一样的口感。该产品主要由河南省联兴油茶产业开发有限公司生产销售。

## 二、水法制取茶油

"水法"制取茶油采用自动剥壳、自动分离霉变油茶籽、超微粉碎等技术,以纯净水为提取介质,"水法"工艺生产,生产全过程常温常压,产品能够最大限度保留油茶籽原有营养物。水法制取的茶油呈浅橙色,澄澈透亮,无雾状物,微香,可烹炒煎炸,也可直饮。产品主要由安徽龙城集团生产销售,品牌为"龙成一品"。

## 三、鲜果鲜榨茶油

鲜果鲜榨茶油是指使用鲜果鲜榨工艺制备的茶油。该工艺的特点是选择新鲜的油茶果,直接脱皮后破碎制浆,然后再将浆液分离提油。油茶籽不经过烘干,能够保留油茶籽油绿色清香风味和活性营养成分。该工艺由湖南大三湘茶油股份有限公司率先提出，相关产品已上市销售，年销量约50吨。2023年，广西壮族自治区林业科学研究院应用瞬时高压差技术对鲜果鲜榨茶油工艺进行改进。

## 四、化妆品用茶油

茶油具有对皮肤无刺激，与皮肤的亲和性好、渗透性强等特点。利用复合脱色技术，可以制备化妆品基础油、润肤霜、护肤膏、护发素、香皂、浴油等系列产品。

### （一）化妆品基础油

中国林业科学研究院亚热带林业研究所通过利用高浓度柠檬酸的螯合和抗乳化性质结合，复合脱色剂和自控连锁冬化技术，研发了化妆品基础油制备工艺。这一工艺显著提升了产品中维生素E、角鲨烯和多酚的保留率。该技术在浙江久晟油茶科技股份有限公司和浙江健达农业开发有限公司实现了产业化，并已推向市场上市后每年约销售30吨。

### （二）洗涤产品

#### 1. 卸妆油

浙江常发粮油食品有限公司通过多维共组装水培技术，将茶油甘油三酯水解得到脂肪酸衍生物短链长链脂肪酸脂，将部分饱和脂肪酸转化为不饱和脂肪酸进而产生多种糖脂及活性因子。这些处理使最终得到的油脂不仅肤感更加清爽，同时菌群的发酵也可以有效清除原油中的过敏物质，从而减少了作为化妆品使用时可能引起的过敏问题。该产品已经完成研发，拟在2024年上市。

#### 2. 手工皂

以茶油为原料，进行酯交换反应，生成高级脂肪酸钠盐，复配棕榈油、椰子油和精油快速高效制备出清洁、保湿、滋养效果良好且硬度适宜、持久耐用的山茶油手工皂。多家油茶企业有相关产品开发和生产，如浙江久晟油茶科技有限公司年销售该产品约20万块。

### 3. 牙膏

福建美力生生物科技股份有限公司以茶油为原料,配伍金银花等辅料,开发了茶油牙膏,该产品具有消炎、抗敏等效果,在各电商平台有零星销售。

### 4. 日化产品

湖南大三湘茶油股份有限公司采用鲜果鲜榨油水分离水相作为主要原料开发的日化产品,富含茶皂素的天然表面活性剂,能够有效地改善洗洁剂使用体验感,可以作为果蔬等食品的清洁产品,每年销售量约20万瓶。

## 五、茶油护理产品

### (一)乳霜

湖南大三湘茶油股份有限公司根据茶油富含油酸、利于吸收的特点,采用茶油作为乳霜油相,制成的乳霜润肤、保湿、滋养效果较好。每年销售量约15万瓶。

### (二)护肤油

广西三门江生态茶油有限责任公司利用茶油开发了山茶+中药洗浴养护系列产品。安徽龙成山油茶科技发展有限公司以茶油为主要成分开发的化妆品年供货量20万瓶。湖南大三湘茶油股份有限公司根据茶油富含油酸,具有吸收好、滋养效果好等特点,开发头皮护理油、抗皱修护油等,每年销售量约30万瓶。

### (三)护发产品

把茶油、水解蛋白、谷氨酰胺转氨酶和氨基酸复合制成纳米脂质体,并添加红参提取物、低分子透明质酸钠等,结合新型的护发调理剂和乳化增稠剂等制备成漂洗型护发产品,不仅可以快速补充头发因烫染吹拉晒而流失的营养和水分,修复毛鳞片损伤,增强头发韧性,避免头发干枯,同时具有调理秀发、滋润发丝作用。该产品由湖南金昌生物技术有限公司于2023年开发。

## 六、茶油保健产品

基于油茶籽油中活性成分的作用机制，针对不同慢性病适宜摄入脂肪酸比例特殊要求，通过回添或复配，增加油茶籽油产品中的功能活性成分，通过营养功能评价开发具有特殊功能的保健类产品。2023年，一些企业研发具有细胞渗透性的山茶油微胶囊、山茶油乳奶、山茶油清脂压片等10余个产品。

### （一）山茶油—玉米肽凝胶糖果

浙江常发粮油食品有限公司以茶油和玉米肽为主料，开发了山茶油—玉米肽凝胶糖果。该产品通过植物小分子萃取技术使得其更易吸收，能够温和保护胃黏膜，提高机体免疫力，已于2023年上市。

### （二）山茶油黄精黑糕产品

以茶油和黄精等食料组合而成，并添加黑芝麻、黑加仑干、黑果枸杞、黑豆、桑葚五种经典黑色食材作为补充。通过原料预处理、控制烘炒温度、冷却粉碎、磨浆、熬糖、搅拌调配、机械成型和精心包装等措施制成成品。产品口感软糯香甜，独立包装，可作为饱腹的代餐，不易上火，有助于润肠通便。该产品于2021年上市，每年销售量约3000箱。2022年荣获"台州特色伴手礼"。

## 七、医用茶油

茶油作为注射用油开发已经有一段时间，其质量标准参照《中国药典》（2020年版）"茶油"和"大豆油（供注射用）"中的相关要求。2023年，相关科研院所和公司以茶油为基础，开发了抗炎止痒复合物、鼻炎喷雾剂、脂肪乳注射液和茶油神经酰胺等产品，但是这些产品目前尚未大规模进入市场。

# 第二节　精深加工产品

## 一、茶皂素及其改性产品

### （一）洗涤用品

市场上常见的洗涤液使用的起泡剂一般为硬脂酸钠，这是一种合成物，而抗氧化剂一般为维生素，其性质不太稳定，抗氧化和抗菌效果不理想。使用这些产品可能会对人体皮肤产生刺激，长期使用甚至可能导致皮肤损伤。油茶皂素则是天然的表面活性剂，它既可作为发泡剂又能作为抗氧化剂，使用油茶皂素能降低对皮肤的刺激性，并增强抗氧化效果，使其能高效地应用于洗涤用品中，目前已开发出茶皂素洗手液、茶皂素香皂、洗衣液、护发水和洗发液等产品。

#### 1. 油茶皂素洗衣液

恒安集团推出了一款茶皂素洗衣液，该产品主要成分为表面活性剂、茶皂素、抗再沉淀剂、螯合剂、柔顺剂、防腐剂和香精。其中天然温和表面活性剂茶皂素能够快速锁定污渍，恢复衣物洁净鲜艳。这款洗衣液低泡易漂洗，无化学残留，具有天然茶香、祛除异味等优点，为消费者提供了环保又高效的洗剂选择。

#### 2. 油茶皂素多效洗发液

中山市舒迷化妆品公司研发的赫芸茶皂素多效洗发液，具有改善头痒、去头屑、损伤修复、控油等功能。主要成分为：表面活性剂、油茶皂素、阳离子瓜尔胶、乳化硅油、分散剂、螯合剂、香精等。

### （二）保健用品

茶皂素作为油茶树中的一种天然绿色提取物，具有杀菌、抗氧化、抗肿瘤和抗炎症等效果。茶皂素能够通过阻滞细胞死亡周期、抑制肿瘤血管生成等方式，诱导肿瘤细胞产生自噬、凋亡，展现出一定的抗肿瘤潜力。然而，过量的茶皂素可能会破坏细胞膜的通透性，导致细胞质外渗，从而引发人红细胞溶血，这限制了其在抗肿瘤治疗中的应用。为了提高油茶皂素的抗肿瘤效果，一项获得国家发明专利（CN114886904B）的技术被发明出来，这项技术将透明质酸和油茶皂素在N-（3-二甲氨基丙基）-N'-乙基碳二亚胺盐酸盐的存在下，通过酯化反应合成透明质酸—茶皂素，这种新型复合物能够作为抗人肝癌、人结直肠癌、人肺癌或人前列腺癌的药物，为癌症治疗提供新手段。

### （三）农药助剂类产品

茶皂素作为一种植物源农药，已被证明具有良好的杀螺效果，广泛应用于福寿螺的防治。对于多数水生植物而言，茶皂素毒性较低，但对淡水鱼类，如麦穗鱼、鲫鱼、斑马鱼等，却表现出较强的毒性。同时，油茶皂素在防治苹果树病害方面效果较好。

湖北绿天地生物科技有限公司研发的信风友玑茶皂素，是一款以30%的茶皂素原液精制而成的水剂产品。该产品对小绿叶蝉、蜗牛、蛞蝓、福寿螺等多种害虫具有良好的防治效果。

### （四）改性类产品

使用油茶籽饼粕为主要原料，采用萃取、多效提纯等精深加工技术，从粕料中萃取出高纯度油茶皂素，并经选择性水解产生活性基团进行加成、转化、脱酰等化学反应，可以制备油茶皂苷结构修饰型混凝土引气剂、油茶皂苷型油田专用泡沫剂等产品。

**1.油茶皂苷结构修饰型混凝土引气剂**

江西新中野茶业有限公司通过对油茶皂素的改性、制剂配伍等技术形成了油茶皂苷结构修饰型混凝土引气剂。其优点为：能较好地解决引气剂与聚羧酸盐系减水剂之间的相容性问题，能明显改善新拌混凝土的和易性、减少泌水和离析，提高混凝土耐久性（抗冻融循环、抗渗）、抗侵蚀能力，减少硬化混凝土的强度损失。目前该产品已广泛应用于水利、交通、能源、市政、港口和建筑等领域的混凝土工程，累计销售额达1.2亿元。

**2.油茶皂苷型油田专用泡沫剂**

本产品是江西新中野茶业有限公司通过从粕料中萃取出高纯度油茶皂苷，

利用油茶皂苷糖基中含有葡萄糖醛酸,可与醇发生酯化反应的特点开发的改性产品。该产品具有耐温、耐盐、耐酸、起泡性强、吸附损失低、环保性好等特点。目前该产品已广泛应用于胜利、大庆、华北、新疆、中原、辽河等油田的泡沫酸化、泡沫压裂、调剖堵水、高温采油等作业,经多年跟踪测试,该专利产品(ZL:201010182328.1)可提高石油采收率25%以上,已累计实现销售额5000万元。

## 二、果蒲改性产品

油茶蒲是油茶果中包裹在油茶籽外面的部分,约占茶果的25%,质量约是油茶籽的1.5倍,是油茶加工的重要副产物。聚戊糖(半纤维素)、纤维素和木质素是其最重要的结构类物质,其中1,2,3,6-四-O-没食子酰-β-D-吡喃葡萄糖苷占其总酚含量的5%左右。

### (一)聚戊糖

目前已采用多种溶剂对油茶蒲聚戊糖进行分级抽提,建立和优化了聚戊糖高效提取工艺,得到了不同含量聚戊糖产品。该类产品有助于养护肠道,适合作为益生菌的养料。

### (二)1,2,3,6-四-O-没食子酰-β-D-吡喃葡萄糖苷

1,2,3,6-四-O-没食子酰-β-D-吡喃葡萄糖苷是一种具有多重生物活性的化合物,具有抗氧化、保护神经系统、促进伤口愈合、抗肿瘤、抑制肥胖等效果。目前主要使用传统的柱层析方法从油茶蒲中分离,这种方法存在分离工艺较为复杂、分离过程费时费力、分离周期长等问题。国家发明专利(CN202210501698.X)通过采用油茶蒲醋酸—水提预处理的方法高效制备了该产品,其含量高达60%。

## 三、饲料及有机肥

### (一)饲料

油茶籽饼粕含有茶多酚、多糖等生物活性物质,以及17种氨基酸和多种微

量元素，这些营养成分对动物生长发育和免疫调节具有显著促进作用。既可以直接作为生产饲料的原料，也可以通过提取油茶饼粕中的生物活性成分作为饲料添加剂。

### 1. 糖萜素

糖萜素来源于油茶饼粕，是应用广泛的饲料添加剂。浙江大学以油茶饼粕为原料制备了糖萜素，开发出用于生猪养殖的饲料。1998年被农业部批准为我国首项新型饲料添加剂，并列入了《饲料添加剂目录》。同时，还制订了相应的国家标准《饲料添加剂 糖萜素》（GB/T25247—2010）。在2023年，共有8项关于糖萜素的专利申请，涉及糖萜素的制备和制备工艺的优化、提高母鸡产蛋率和防止猪仔腹泻饲料开发等多个领域。

### 2. 无抗饲料

杭州咕咚酵食品有限公司于2023年利用复合酶和柠檬酸杆菌菌液混合对油茶粕进行发酵处理，生产无抗饲料。这种鸡饲料不含抗生素，既可以改善肉鸡的生长性能，还能减少肠道疾病的发生，增强鸡的免疫系统功能。

## （二）有机肥

油茶果壳半纤维素含量高达49.34%，具有成为植物栽培原料的巨大潜力。针对油茶果壳富含皂素、半纤维素含量高的特性，通过添加不同辅料与油茶果壳高温有氧共发酵进行腐熟。这样处理过的油茶果壳可用作菌菇栽培基质、有机肥、土壤改良剂，及替代泥炭培育花卉苗木等。

### 1. 菌菇栽培基质

江西星火农林科技发展有限公司建成油茶果壳综合利用生产线，以油茶果壳为原料，通过发酵技术开发了菌菇种植基质和生物有机肥生产技术体系，年产量5万吨。

### 2. 生物有机肥

安徽万秀园农业发展有限公司以油茶果壳生产有机肥和油茶专用育苗基质，年产量2万吨，年产值达1200万元。

图5-1 安徽万秀园农业发展有限公司生产的生物有机肥

# 第三节 几点启示

加工业位于油茶产业的下游和产品终端，其发展的程度和市场竞争力对油茶产业持续健康发展起着重要作用。由于多种原因，我国油茶加工水平整体不高，产业链条较短，企业规模较小，自动化智能化水平不高。

油茶籽富含丰富的功能成分，具有广泛的应用潜力，但由于油茶籽油营养成分和作用机制的研究起步相对较晚，对其营养和功能活性成分的作用机制缺乏系统研究，这限制了功能食品等高附加值产品的开发。目前和油茶相关的产品主要是初级加工的食用烹调油，这类产品附加值偏低。基于营养功能设计的高值产品较少，难以满足不同消费群体的需求。少量的与油茶相关的功能强化产品也是以复方或调和为主。另外，随着产业的蓬勃发展，油茶籽油加工的副产物迅速增长。全国年产油茶籽约300万吨，理论上可产生油茶蒲、油茶饼粕约700万吨。目前对油茶粕的主要应用是提取油茶皂素，年产量约10000吨，消耗油茶粕约5万吨，仅占全部油茶粕的不到2%，而油茶蒲等还没有规模化的应用。如果不能有效利用这些巨量的加工副产物，不仅会给环境造成巨大的压力，还会降低油茶产业效益，成为制约产业发展的瓶颈。

因此，油茶产业发展，需要充分挖掘市场，形成丰富多样、层次分明的产品线，满足市场需求。不同地区消费者对油茶籽油色、香、味有不同的要求，可针对性地开发不同风味、色泽和档次的食用油茶籽油，满足不同消费群体的需求。油茶籽油除食用外，还可用于生产保健产品、医药和日化用品，可以用油茶籽油作为护肤产品的基础油和护肤产品。通过对油茶籽中活性功能成分的发掘和营养功能作用机制的研究，可针对不同人群进行产品设计和生产，如利用油茶籽油中山茶苷、角鲨烯等多种活性成分，开发预防高血压和心血管疾病的功能产品。应用大数据和物联网技术建立多谱融合的油茶产品溯源体系，建立从油茶籽采收处理到成品油生产运输全过程的安全控制体系，保障产品质量。

另外，需要通过油茶籽全资源利用提升产业效益。油茶加工剩余物主要包括油茶蒲、饼粕及油茶籽油精炼剩余物。油茶蒲纤维素和木质素含量达75%，可用来生产糠醛、水凝胶、提栲胶、制木糖醇、活性炭、胶黏剂的固化剂、非甲醛改性胶黏剂等多种产品。油茶饼一般有7%～10%的残油，油茶粕皂素的含量高达10%～15%，提取油茶皂素后的残渣可作饲料或肥料。饼粕中还含有丰富的多糖、蛋白质等，茶籽多糖具有凝血和降血糖等多种生理活性功能。精炼剩余物中富含维生素E、甾醇、角鲨烯等功能活性物。因此，需要充分利用这些资源，开发化工、医药、日化等不同系列产品，将油茶果"吃干榨尽"，提升产业效益。

## 第六章

# 油茶产业发展效益评价

油茶产业是潜力巨大的特色产业，肩负和承载着粮油安全、促进健康中国和"绿水青山"发展理念的使命。作为一个综合体，油茶产业融合了经济效益、生态效益和社会效益，成为巩固脱贫攻坚成果和推动乡村振兴的"压舱石"。

# 第一节　行业发展引领

## 一、行业中的地位

### （一）油茶产业是乡村振兴的支柱产业

油茶是我国南方地区的主要木本食用油料树种，具有广泛的分布和栽培历史。发展油茶产业对于促进山区经济发展、增加农民收入、改善人民生活水平具有重要作用。对油茶产业的减贫效应进行分析，可以看出其效率优势与效益优势对农村减贫有显著的正向影响，能够通过优化产业结构、提高财政支农水平、增加固定资产投资、促进城镇化以及完善交通设施等措施有力地促进乡村振兴发展进程。而且，油茶是一种长寿树种，一次种植多年受益，是名副其实的"铁杆庄稼"，具有不与农争地、不与人争粮的独特优势，是推进乡村振兴的重要保障。油茶林是优良的生态林，茶花也是百看不厌的人间美景，适合发展生态旅游项目，创造文化+油茶旅游的完美结合，带动乡村文化旅游业发展。

### （二）油茶产业是生态经济的新兴产业

生态经济是实现经济腾飞与环境保护、物质文明与精神文明、自然生态与人类生态的高度统一和可持续发展的经济。林业是实现构建生态经济体系最好的载体。油茶是兼具经济效益和生态效益的经济林树种，油茶的经济价值和生态价值受到越来越广泛的关注和重视，种植油茶关乎民生，关乎生态。发展油茶产业对促进乡村振兴与林业生态建设协调发展具有重要意义。在新业态下，油茶产业已成为新兴的生态经济产业。

### （三）油茶产业是国民生活的健康产业

我国是食用油料油脂消费大国，油茶富含不饱和脂肪酸，能有效预防相关疾病。茶油是绿色健康型高级食用植物油，可以优化食用油结构，提高膳食质量，提升人民健康水平。随着人们对健康饮食的追求，油茶因其富含不饱和脂肪酸、维生素E、茶多酚等有益成分，具有降低胆固醇、预防心血管疾病等保健功能，逐渐受到消费者的青睐。油茶作为一种健康食用油，在食品行业中有着广阔的市场前景。

### （四）油茶产业是传承历史的文化产业

油茶栽培历史悠久，先秦时期《山海经》就记载有"员木、南方油食也"，其中的"员木"，即油茶。北宋年间，苏颂所著的《图经本草》也对油茶的性状、产地和效用进行了详细的记载。诸如《本草纲目》《天工开物》等典籍也记录了茶油的功能和南方民间榨油劳作的场景，唐代著名诗人李商隐食后，曾为油茶赋"芳香滋补味津津，一瓯冲出安昌春"。油茶产业不仅是一种经济产业，更是一种文化传承的媒介。油茶的制作工艺、食用方式等都蕴含着丰富的传统文化内涵，体现了中华民族的智慧和创造力。发展油茶产业不仅能促进经济增长，还能传承和弘扬中华民族的优秀传统文化。

## 二、行业发展作用

### （一）维护粮油安全

我国耕地面积有限，近年来我国油脂油料进口连年增长，充分利用荒山荒地加强油茶林培植，大幅度提高茶油产量，不仅能有效缓解油料供需矛盾和进口压力，还能置换出种植油料作物的耕地。2023年我国油茶、核桃、油橄榄等木本油料产量达950.1万吨，增强了我国粮食安全保障能力。

### （二）促进区域发展

油茶产业的兴旺发达，不仅促进了种植区域经济的发展，还推动了油茶深加工、物流运输、市场营销等相关产业的发展，形成了油茶产业链上下游的协同发展，有力推动了区域经济的整体进步。广西作为唯一与东盟国家陆海相邻的省份，在"一带一路"建设中发挥着积极的作用。早在2005年，广西林业厅与泰国猜博他纳基金会开展油茶替代种植计划项目。2018年至2019年，"澜沧江—湄公河地区油茶良种选育（澜沧江—湄公河合作专项基金项目）"有效提升了湄公河国家油茶良种和栽培的科技水平，改善了当地的生态环境和社会环境，为中国林业对外投资和合作奠定了基础。

### （三）创造新质生产力

面对激烈的市场竞争和不断变化的消费需求，油茶产业需要不断进行创新研发。通过引进先进技术、培育新品种、开发新产品等方式，可以不断提高油茶产业的科技含量和附加值，为产业的可持续发展注入新的动力。

## 三、从大农业观、大食物观分析

### （一）大农业观视角下的油茶产业

大农业不仅包括种植业、畜牧业、林业和渔业生产，也包括产前、产中、产后的农业科技研发与转化、良种繁育与推广、农资供应与流通、农机制造与销售，以及农产品储藏、加工、流通、营销等，还包括新兴的生态、文旅、康养产业等。

油茶与大农业观紧密相连，油茶产业的发展不仅符合大农业观的发展理念，还有助于实现农业供给侧结构性改革、促进绿色发展、推动乡村振兴。

大农业观提倡从传统农作物和畜禽资源向更丰富的生物资源拓展，发展生物科技、生物产业。油茶是大农业观中的重要组成部分，油茶作为一种具有丰富营养价值和经济效益的木本油料树种，正是这一拓展方向的重要代表。通过发展油茶产业，可以丰富农业生物资源，提高农业综合效益。

油茶的发展有助于实现农业供给侧结构性改革。大农业观强调要积极推进农业供给侧结构性改革，全方位、多途径开发食物资源，实现各类食物供求平衡。油茶作为一种重要的木本油料树种，其规模化种植和低产林改造不仅可以提高油茶籽的产量和质量，还可以促进农业结构的优化升级，提高农业供给的质量和效率。

油茶的发展也符合大农业观中的绿色发展理念。油茶种植过程中可以采用生态友好的种植方式,如有机种植、生物防治等,减少化肥和农药的使用,保护生态环境。同时,油茶林还可以发挥碳汇功能,吸收大气中的二氧化碳,为减缓全球气候变化做出贡献。

大农业观与乡村振兴战略紧密相连,油茶产业的发展可以带动乡村经济的增长和农民收入的提高。通过引导农民参与油茶种植、加工等环节,可以推动乡村产业结构的优化升级,提升乡村经济发展水平,助力乡村振兴。

### (二)大食物观视角下的油茶产业

油茶作为中国的一种传统特色木本油料树种,具有深厚的历史底蕴和独特的文化价值。随着时代的变迁和社会的进步,油茶不仅是食用油的重要来源,更是与"大食物观"紧密相连,体现了对食品安全、营养健康和生态环境等方面的全面考量。

油茶作为一种富含不饱和脂肪酸的植物油,其营养价值高,对人体健康有着积极的促进作用。"大食物观"是一个宏观的概念,它强调在食品安全和营养健康方面,应当注重食物的多样性、均衡性和可持续性。因此,发展油茶产业,不仅可以满足人们对于高品质食用油的需求,还可以推动农业产业结构的优化和升级。

油茶种植具有显著的生态效益。在山区种植油茶既可以绿化国土,又能保持水土、调节气候、美化环境,有效地改善农村生态面貌和人居环境,既能增绿,又能增收。油茶林能够保持水土、改善环境、提供生物栖息地,对于维护生态平衡和促进可持续发展具有重要意义。这与"大食物观"中强调的生态环境保护和可持续发展理念不谋而合。

油茶作为一种地方特色的产业,具有深厚的文化价值。油茶文化与当地的民俗风情、历史传统紧密相连。通过发展油茶产业,可以传承和弘扬传统文化,增强地方文化的自信心和影响力。

# 第二节　区域经济发展

## 一、直接效益

油茶产业包括油茶种质资源的收集与保存、种苗繁育、高产高效原料林基地建设、茶油精深加工、副产物的综合利用、产品销售等。同时，产业的直接效益还可通过森林碳汇资金、发展森林旅游等渠道获取。而且，通过林下间种、养殖，以及茶麸、茶壳等副产品综合利用等，产值将会进一步提高，经济效益十分可观。未来，在新兴产业的推动下，油茶与旅游、文化、健康养老等产业将深度融合，产业将更加健康、高效发展。

### （一）重要举措

充分挖掘林地潜力，拓展油茶造林空间。各油茶主产省（区、市）均出台相关政策，支持利用规划造林地、低效茶园、低效人工商品林地、疏林地、灌木林地、松材线虫病疫区采伐迹地等非耕地国土资源，结合退耕还林地林分结构调整、森林防火隔离带建设等措施种植或改培油茶；鼓励利用房前屋后等四旁用地种植油茶；探索"油茶+N"技术，推广油茶与其他树种复合经营。

江西制定全国首部山茶油发展条例。规定省、设区的市人民政府应当将油茶产业发展纳入本级国民经济和社会发展规划，合理安排油茶产业布局，研究解决产业发展中的重大问题。县级以上人民政府应当组织林业、自然资源等部门科学规划油茶种植区域，拓展油茶种植空间，扩大油茶种植面积。倡导采用室温压榨制油工艺，保留山茶油原香味和营养成分；山茶油生产企业应当在其生产的山茶油产品标识上如实标注加工工艺，以浸出工艺生产的山茶油不得冒充压榨工艺生产的山茶油；掺有其他品种油脂和添加物的食用植物油，不得以山茶油为产品名称。

广西在全国率先试行油茶收入保险。为服务广西油茶产业发展、帮助农民脱贫增收，广西壮族自治区财政厅、广西壮族自治区林业局联合下文，率先在全国试行油茶收入保险。试点对于8年以上树龄油茶良品约定目标收入2700元/亩,5~7年树龄油茶良品约定目标收入1800元/亩,从而确保能够有效稳定农户收入,保持油茶产业平稳发展。

全产业链发展。浙江出台《浙江省木本油料全产业链发展实施方案（2022—2025年）》,按照延长产业链、提升价值链、保障供应链、完善利益链的发展原则,不断完善投入机制,优化资源管理,推进示范建设,强化科技支撑,构建政府引导、企业带动、农户参与、金融助力的良好产业生态,加快木本油料产业转型升级。

### （二）典型案例

#### 1. 广西横州市那阳镇香花油茶基地产量再创全国纪录

在横州市那阳镇三合村,业主马锦峥于2016年6月栽植了香花油茶9.7亩,种植品种包括'义禄''义丹'等,其中既有苗龄为1年生优良无性系扦插苗,也有部分实生苗,混合造林,种植株行距2

图6-1　2023年国家林业和草原局科技司组织专家现场测产

米×3米。2023年10月27日,国家林业和草原局科技司组织专家进行样地现场产量测定,结果显示:种植满7年,混合香花油茶无性系鲜果产量最高达1702.86千克/亩,单个无性系"F-6"鲜果产量最高,达1851.65千克/亩,折算茶油产量分别为167.9千克/亩和182.57千克/亩,亩产再攀历史新高。该基地同片样地2020—2022年产量测定,亩产茶油分别为97.6千克、121.3千克和121.6千克。

在管理方面,种植当年仅人工除草。从第二年开始,每株追施两次尿素,共0.25千克。第3年每株追施复合肥0.5千克,第4年每株追施复合肥0.75千克,第5~7年每株追施复合肥1千克，未喷洒过农药。

在投入产出方面，2019年投产前，基地每年投入约6000元，4年合计投入约2.4万元，亩均投入约2400元。2020年种植满4年，共收茶籽1800千克，平均每亩产油茶籽185.5千克。当年基地投入1.2万元，总收入约4.3万元，平均每亩收入4433元，亩均净利润约3100元。2021年种植满5年，共收油茶籽2500千克，当年基地投入1.4万元，平均每亩投入1443元，总收入约5万元，平均每亩收入5155元，每亩净利润约3711元。2022年种植满6年，共收油茶籽1950千克，当年基地投入1.25万元，平均每亩投入1288元，总收入约4.1万元，平均每亩收入4227元，每亩净利润2939元。2023年种植满7年，共收油茶籽3250千克，当年基地总投入2万元，平均每亩投入2062元，预估收入6.5万元，平均每亩收入6701元，每亩净利润4640元。

**2. 广西忻城县谭再红家庭农场油茶亩均利润4000元**

在来宾市忻城县城关镇高塘村，业主蓝小益2017年1月栽植香花油茶约79亩，种植品种为'义禄''义臣'等，苗龄为1.5年生无性系扦插苗，混合造林，种植株行距为2米×3米。2023年10月25日，国家林业和草原局科技司组织专家进行样地现场产量测定，结果显示，鲜果产量最高达到947千克/亩，折算茶油产量93.37千克/亩。

在管理措施方面，造林后第1~3年，每年人工除草2次，并分别于2018年5月、2022年2月各施肥1次，合计施复合肥量约1.5千克/株。2018年1月，对树木进行了定干整形，修剪高度在50~70厘米之间。

在投入产出方面，2019年投产前，该基地共投入约14.65万元，平均每亩投入约1850元。2020年种植满4年，共收油茶籽4765千克，当年投入4.3万元，平均每亩投入544元，收入8.1万元，平均每亩收入1025元，亩均净利润481元。2021年种植满5年，共收油茶籽22375千克，当年投入8.8万元，平均每亩投入1114元，收入约38.03万元，平均每亩收入4814元，亩均净利润约3700元。2022年种植满6年，共收油茶籽16200千克，当年投入8.15万元，平均每亩投入1032元，收入约29.16万元，平均每亩收入3691元，每亩净利润2659元。2023年种植满7年，共收油茶籽超25000千克,茶籽销售约40万元,每亩净利润约4000元。

**3. 醴陵市三思油茶种植农民专业合作社油茶高标准示范基地**

该基地位于株洲市醴陵市东富镇莲石村,占地150亩,于2009年造林,品种为湘林210等良种,通过逐步间伐,树木的密度从种植时的110株/亩降低到目前密度50株/亩。2020年,基地对主干道进行了水泥硬化,2022年引入了一套有机肥+菌肥+复合肥+微量元素肥"四合一"水肥一体化浇灌系统。醴陵市油茶研究所全程为该基地提供技术支撑,全园实施了密度调整,采取了整形修剪、水肥管理、花果培管等多种增产技术措施,确保树体结构良好,保持丰产稳产。2021年,基地已回收前期投资70多万元,亩产油茶鲜果640千克以上。

**4. 湖南雪峰山茶油专业合作社大果油茶高标准示范基地**

基地位于长沙市望城区茶亭镇杨家坪村,面积约380亩,其中2010年高接换冠林120亩,2021年带状更新造林180亩,2021年全程机械化管理示范林50亩,苗圃30亩。基地灌溉设施建设比较完善,道路系统按照"全程机械化作业生产管理"模式设计布局,包括1800米硬化主干道、4500米运输道、6000米机耕作业道以及核心区800米油茶产业科普景观道。基地技术支撑涵盖油茶产业全产业链每个环节,产教学研合作科研院所包括中南林业科技大学、湖南省林业科学院、湖南农业大学、贵州大学等。湖南雪峰山茶油获实用新型发明专利2项,获湖南省科技进步一等奖和三等奖。基地亩产油茶鲜果640千克以上。

**5. 信丰县大塘埠镇高产油茶基地**

信丰县大塘埠镇高产油茶基地位于信丰县大塘埠镇万星村,邻近105国道,距县城约10千米,交通方便,地势平坦。油茶林总面积95亩,其中2013年种植60亩,2014年种植35亩。基地自2016年试挂果,2018年亩产茶油达23千克,此后产量实现连续四年增长,2019年亩产茶油28千克,2020年亩产茶油33千克,2021年亩产茶油36千克,2022年基地鲜果总产量近6万千克,最高单株鲜果产量达87.6千克,亩产鲜果631千克,亩产茶油达40千克,亩均纯收入达3000元以上,成为全市典型的高产高效益油茶示范基地。

## 二、间接效益

油茶的间接效益体现在多个方面，包括对生态环境、社会经济、人才团队建设以及技术发展的积极推动作用。

### （一）生态环境效益

油茶具有适生范围广、耐干旱贫瘠、抗逆性强等特点，是抗污染能力强的树种，四季常绿，根系发达，枝叶繁茂，生态效益显著。油茶林下植被丰富，如广西油茶主要分布区内共有高等植物100科、268属、414种。油茶人工林的生态效益是经济效益的三倍多。在对海南主栽油茶品种的碳贮量调查中，发现其总碳贮量为144.538吨/公顷，碳汇经济效益约为3.8万元/公顷。广西油茶林生态系统的碳贮量主要集中在乔木层和土壤层，乔木层碳贮量范围3.17～47.4吨/公顷，土壤层碳贮量范围45.08～149.02吨/公顷，总碳贮量范围55.62～157.28吨/公顷。据不完全统计，广西油茶人工林对广西植被碳贮量的贡献率为1.39%。油茶具有涵养水源、保土价值、制氧价值、改善水质等重要生态功能。以揭阳市高州油茶为例，全年固碳量、释氧量、增湿量和降温量分别为6.07万吨、4.41万吨、975.79万吨、$1.88×10^9℃$，为揭阳市带来的总货币效益为5.68亿元。

### （二）社会经济效益

油茶产业的发展有助于提高林地产出，满足市场需求，改善人民生活水平，促进林业产业健康有序发展。通过优化整合产业管理体制和运营模式，将充分调动企业、社会和农民参与油茶产业发展的积极性，提高油茶产品的产量、质量和效益，带动林农增收，促进农村经济发展。建设油茶基地、扩大油茶加工企业生产规模，不仅能为社会提供大量的就业机会，还有利于安置社会闲散人员和农村劳动力。同时，通过营造示范林和技术培训，可显著提升林农的科技素质和生产技能。发展油茶产业不仅有助于保障国家粮油安全、缓解耕地结构性短缺、改善人们膳食结构、提高国民健康水平，还将促进农村产业结构调整，促进农民就业增收、拓宽致富门路，助推乡村振兴战略。

### （三）人才团队建设

油茶产业高质量发展的关键在于人才的培养。油茶科技创新团队是推动油茶产业发展的重要力量，通过科技创新和技术研发，不断提高油茶产业的综合效益和竞争力，为油茶产业的可持续发展做出贡献。目前，油茶产业人才团队的建设已涵盖育种、栽培、产品加工、管理等多个领域，如2023年入选国家林业和草原局"林草科技创新团队"的热带地区油茶创新团队、油茶育种创新团队和油茶等经济林科技创新团队。这些团队在油茶产业的科技创新方面做出了显著的贡献，推动了油茶产业的持续健康发展。

### （四）技术发展

油茶产业的发展也推动了相关技术的进步。据不完全统计，2023年，油茶产业获省部级成果奖励3项，其中，梁希科技进步二等奖1项，海南省科技进步二等奖1项，湖北省科技进步三等奖1项；制（修）订行业标准1项、地方标准19项、团体标准12项；获授权发明专利166件、新型实用型专利254件；选育油茶良种4个，获植物新品种权6项；发表论文776篇，其中，SCI论文121篇。这些技术的创新与发展不仅有助于提高油茶产业的竞争力，也为其他相关产业的技术进步提供了借鉴和参考。

# 第三节　全面乡村振兴

油茶产业与乡村振兴之间存在密切的联系，是产业发展与乡村振兴结合最好的产业之一。油茶产业的发展对于推动乡村振兴具有重要的积极作用。

## 一、带动当地就业

油茶产业作为一个特色农业，本身就为就业提供了平台，有助于解决当地闲置劳动力的就业问题。作为典型的全产业链产业，油茶产业涵盖了从育苗、种植、套种（养）、鲜果收购、毛油压榨、精炼、生物提取、产品销售到休闲观光等各个环节,每个环节都离不开大量的劳动力,全产业链带动作用非常明显。油茶产业规模化发展增加了对劳动力的需求,同时产业链发展也可以促进就业。由油茶产业而延伸出的加工、物流运输、科技发展、售后服务等工作,形成了区域产业集群,推动了产业一体化发展,延长了产业链,优化了供应链,提升了价值链。油茶产业在生产、管理、运营、销售、售后服务等方面创造了多个就业岗位,不仅能帮助当地一些在家照看老人、孩子的劳动力就业,还促进了主要劳动力返回农村从事该产业。大量的劳动力投入油茶生产的前期、中期、后期的工作中,为乡村振兴做出了积极贡献。

## 二、带动林农增收

实践证明,在油茶适生区因地制宜发展油茶产业,培育新型经营主体,建立油茶产业脱贫长效机制,可以持续稳定增加农民收入,长期巩固精准脱贫成效,切实防止脱贫农户再返贫。在贫困山区新造一亩油茶林,丰产后可每年增收2000元以上;改造一亩低产油茶林,丰产后可每年增收1000元以上。如湖南省油茶产业带动林农110万户352万人参与油茶产业生产经营,户均油茶收入5852元。

## 三、促进乡村振兴

油茶产业的发展也符合乡村振兴战略的要求。油茶全身都是宝,除了作为食用油外,还具有很高的综合利用价值。茶枯饼、茶皂素、茶籽壳及生产茶油的剩余物,可广泛用在日用化工、印染、造纸、化学纤维、纺织、农药等多个领域,从而带动一二三产全产业链发展。通过发展油茶产业,可以促进乡村经济的发展,提高农民的收入水平,推动乡村产业的升级和转型。这不仅改善了农民的生活条件,还增强了乡村的自我发展能力,为乡村振兴注入新的活力。

# 第四节　促进科技进步

## 一、科技奖励

### （一）油茶果采后处理与增值加工技术创新与应用

该成果获第十三届梁希林业科学技术奖科技进步奖二等奖。针对油茶鲜果人工晾晒效率低、机械脱壳设备工艺链不完善，以及油茶专用制油技术缺乏、产品趋于同质、高品质和高值化产品研发滞后等突出问题，该成果以产业增值增效为目标，创新油茶采后处理和产地加工技术，创建了全国首个茶籽规模化仓储平台，有效提升了油茶果加工质量和规模，补齐了产业链短板，保障了油茶籽供应链稳定。该成果从营养成分、风味香型和功能评价三个维度，构建了高品质茶油制取和分类评价关键技术体系，系统研究了油茶加工副产物的分级提取利用及多目标联产集成技术，实现了茶果全资源利用，延长了油茶产业链。该成果研发的鲜果剥壳烘干成套处理技术及设备已实现量产，使鲜果处理成本降低200元/吨以上；茶油小榨精控制取技术已在湖南、广西等地广泛应用，为茶油生产加工小作坊的转型升级提供关键设备支撑。茶油超临界$CO_2$萃取技术已建立产业化示范生产线，加工净利润率达到20%以上；副产物全资源利用技术已在企业应用并建立示范生产线，生产出洗发水、沐浴露、面膜等高附加值新产品，产品远销美国、日本等地。

### （二）海南油茶传统加工提质增效关键技术研发与集成应用

该成果获2022年海南科学技术奖科技进步奖二等奖。针对海南油茶特征营养和风味基础数据不足、产品质量不稳定、精深加工和副产物高值化利用关键技术缺乏等瓶颈，该成果实现了海南热榨茶油的快速鉴伪，建立了海南油茶营养组学数据库，揭示了茶油预防结肠炎的作用机制；研创了鲜油茶果直接榨油技术，克服了传统工艺中长时间晾晒和机械烘干造成营养物质损失、油脂质量下降、效率低的技术难题，构建了海南油茶热榨标准化和副产物全组分高值化利用技术体系。开发了茶油、面膜、手工皂等产品，提高了油茶产品的附加值。

### （三）油茶炭疽病绿色防控关键技术研究与应用

该成果获2022年湖北省科技进步三等奖。针对油茶生产上发生普遍且危害严重的炭疽病，该成果明确了油茶炭疽病病原菌种群结构与分布以及优势种群体遗传多样性，掌握了油茶炭疽病发生规律，构建了以生态调控为基础，实施以生物菌剂防治为主、高效低毒药剂防治为辅的油茶炭疽病绿色防控技术体系，实现了油茶病害精准防控和绿色防控，有效控制了炭疽病病害扩散蔓延，促进了湖北省油茶产业健康发展，保障了国家木本粮油战略储备安全，为油茶产业高质量发展提供技术支撑。

## 二、科技创新团队

### （一）国家林业和草原局第一批"林草科技创新团队"——油茶资源培育与利用创新团队

团队所在单位及负责人：该团队所在单位为中国林业科学研究院亚热带林业研究所，团队负责人为姚小华研究员。

团队主要研究方向：服务国家乡村振兴、粮油安全和木本油料产业发展战略，为木本粮油产业提质增效提供技术支撑。良种选育方面，通过对收集的种质资源重要性状的深度解析，挖掘育种潜力，建立不同选育目标的育种群体，选育高产、优质、高抗、适合轻简机采栽培管理的良种，全面提升油茶、薄壳山核桃良种质量。高效栽培方面围绕植株营养生理需求规律，开展水肥一体化、群体结构调整、机械化轻简化管理等不同经营模式研究，建立适应现代化生产的良种示范基地。平台运行方面负责与协调国家油茶科学中心、油茶与山核桃工程中心、油茶和薄壳山核桃产业联盟、油茶技术协作组、油茶创新团队、良种基地与种质资源库管理等。

团队主要成果：建立了5个国家良种基地，保存了2000余份种质资源，组装了首个高质量油茶基因组，育成了56个良种，通过杂交创制了高产无性系，并开展了区域评价。传承芽苗砧育苗技术，实现种苗繁育无性系化能力提升。建立容器化种苗繁育技术，容器基质化种苗生产能力上升至5亿株。建立以良种配置为核心的丰产栽培体系，覆盖15个省份建立示范点50个。初步建成全国油茶良种应用区划方案。团队成果"油茶高产品种选育与丰产栽培技术研究及推广"获国家科技进步二等奖。

图6-2　油茶资源培育与利用创新团队

（二）国家林业和草原局第二批"林草科技创新团队"——油茶全产业链科技创新团队

团队所在单位及负责人：该团队所在单位为湖南省林业科学院，团队负责人为陈永忠研究员。

团队主要研究方向：按照"油茶种业创新技术""油茶丰产栽培技术""油茶功能成分绿色制取与副产物全资源利用技术""油茶智能机械装备研发"等油茶全产业链研究方向布局，针对油茶产业发展中全局性、区域性关键技术问题，以及产业发展的重大技术需求，开展全产业链技术创新和工程化应用研究，实现科技成果的工程化和产业化，支撑和引领现代油茶产业的高质量发展。

团队主要成果：建成国家级油茶种质资源收集库，组建国家油茶工程技术研究中心。创制出'国油''四霞'等油茶新品种15个，选育出"湘林"系列油茶良种94个，其中国家审（认）定油茶良种19个。取得重大技术成果20多项，其中主持完成的"油茶雄性不育杂交新品种选育及高产栽培技术和示范"成果获国家科技进步二等奖。主编出版《中国油茶》《油茶源库理论与应用》等专著10部，参编《中国油茶遗传资源》等专著6部。制定国家标准《油茶苗木质量分级》（GB/T 26907—2011）等国家、行业标准及地方标准15项。2023年获"全国林草系统先进集体"。

图6-3　油茶全产业链科技创新团队

**（三）国家林业和草原局第四批"林草科技创新团队"——热带地区油茶创新团队**

团队所在单位及负责人：该团队所在单位为广西壮族自治区林业科学研究院，团队负责人为马锦林教授级高工。

团队主要研究方向：以油茶良种选育、繁育、栽培及初加工等为主要研究方向，创新建成我国北回归线以南、越南、泰国、老挝等热带地区油茶种质资源收集、保存、评价与利用的技术体系，创新使用分子辅助育种手段对油茶幼苗或种子DNA中目标性状进行早期筛选，创新研究广西油茶主要有害生物智能监测与绿色防控关键技术，创新建成集油茶种植观赏、新技术、新成果、茶籽油加工工艺展示、油茶美食、康养体验、科普教学等于一体的油茶生态文化产业体系。

团队主要成果:建成华南地区最大的国家级油茶种质资源收集库,收集保存山茶属物种近百个,种质1000多份。选育出通过国家或自治区审(认)定的油茶良种46个,新品种授权11个,油茶相关发明专利授权26件,制修订标准17项,出版专著4部,登记科研成果78项。先后获得国家级省部级成果奖励11项,其中国家科技进步二等奖2项,广西科技进步奖一等奖1项、二等奖3项、三等奖2项,梁希科技进步奖二等奖1项、三等奖2项。与泰国、越南、希腊等多个国家开展基于油茶、油橄榄等树种的国际合作,改造泰国北部8000多亩罂粟地为高产油茶林,成为全球治理罂粟的典范。

图6-4 热带地区油茶创新团队

### (四)国家林业和草原局第四批"林草科技创新团队"——油茶育种创新团队

团队所在单位及负责人:该团队所在单位为中南林业科技大学,团队负责人为袁德义教授。

团队主要研究方向:团队聚焦制约油茶种业创新发展的瓶颈,依托经济林育种与栽培国家林业和草原局重点实验室,集中力量攻克一批"卡脖子"技术,创制一批油茶重大新品种,为打造具有核心竞争力的科技创新高地、加快农业现代化提供有力支撑。

团队主要成果:一张图谱:破译了油茶二倍体和四倍体全基因组,率先创建了"油茶品种DNA指纹图谱构建技术"和独一无二的"分子身份证"。三项技术：创建了油茶远缘杂交育种、体细胞杂交育种和倍性育种技术体系，突破了油茶远缘杂交和体细胞杂交技术瓶颈。团队育成的'德油2号''德油3号''德油4号'3个品种获植物新品种权，'华硕''华金''华鑫'等7个品种通过林木良种审（认）定。

图6-5　油茶育种创新团队

**（五）国家林业和草原局第五批"林草科技创新团队"——油茶等经济林科技创新团队**

团队所在单位及负责人：该团队所在单位为江西省林业科学院，团队负责人为龚春研究员。

团队主要研究方向：油茶良种选育与繁育。油茶绿色高效栽培技术。经营机械装备研发。茶油制取新技术研发。茶油精深加工和副产物综合利用。

团队主要成果：油茶等经济林相关科研成果60项。选育国家油茶良种18个，省级油茶良种13个，省级核桃良种3个。获植物新品种权3项。制定国家行业、省级地方标准10项。获授权发明专利6件，实用新型专利10件。出版论著7部。在核心以上期刊发表论文100余篇。先后获得国家级省部级成果奖励13项，其中，国家科技进步二等奖1项、三等奖1项，省部级科技进步一等奖1项，省部级科技进步二等奖5项、三等奖5项。

图6-6　油茶等经济林科技创新团队

# 第五节　总体评价

　　油茶生产符合大农业观、大食物观。油茶产业的发展具有明显的经济效益和突出的生态效益、社会效益。发展油茶产业,不仅可以提高茶油产量,增加食用油供应,维护国家粮油安全,还可优化食用油结构,提高膳食质量,从而提升人民健康水平。此外,油茶产业的发展对于人才队伍建设和科技创新也有显著的促进意义。我们要培育油茶产业的新质生产力,提高产业综合效益,推动传统动能与新动能协调发展。一是加大科技创新与人才培养的力度,实现从传统产业向新产业新业态新模式跃升。科技是第一生产力,人才是根本。持续支持攻克一产面临的技术瓶颈,培育优质高产稳产新品种,强化示范基地建设。同时,加强功能型产品的研发和副产物的综合利用开发,丰富产品系列。二是全面提高科技成果转化和产业化水平,助力新质生产力发展和现代化产业体系建设。加强油茶科技人才培养和先进实用技术推广,构建国家—省—市—县—乡五级油茶产业技术服务体系,为产业良性发展提供原动力。三是加强品牌建设,实现从商品经济向市场经济的升级。加大官方层面及权威部门的宣传力度，讲好油茶故事，打造公用品牌、地方区域特色品牌和企业知名品牌为一体的油茶品牌体系。同时，加强油茶市场交易体系建设，构建完善的线上线下综合交易平台。此外，支持开拓国际国内两个市场，积极引进社会资本，培育龙头企业，争取实现全国油茶主板第一股的突破。

## 第七章

# 油茶产业发展趋势与对策

随着我国积极推进大豆和油料产能提升工程，以增强油料供给的安全性，更加注重绿色低碳发展和乡村产业高质量发展，油茶产业因具有较高的社会效益、生态效益和经济效益而被赋予更大使命。本章通过梳理我国油茶产业在政策扶持、技术支撑和品牌建设等方面存在的主要问题，从思想意识、组织机制、产业发展特点等角度综合分析问题产生的原因，并提出相应政策建议。

# 第一节　存在的主要问题

## 一、政策落实执行不到位

### 1.政策系统性有余针对性不足

相关政策在油茶种质繁育、种植用地保护、全产业链布局、科技支撑转化、品牌建设各方面均有涉及，但具体措施的针对性有待根据当地油茶产业发展特点进行加强。如大多数地方油茶产业资金扶持主要集中在林业营造林项目，用于油茶营造林补助，而对二产、三产资金扶持力度不够。这导致生产设施建设和初加工设备购置缺乏扶持，在一定程度上为具有区位优势的县（市、区）发展油茶加工和开发油茶相关文旅项目等带来不便，阻碍当地油茶产业各环节均衡发展。此外，有些地方政府对当地油茶产业发展特点认识不足，未能清晰认识自身优、劣势，以致制定的阶段性实施政策内容重点不突出。例如，针对某些具有油茶种植优势但整体经济发展较弱的地区，宜优先集中发展高质量的油茶原料生产，将资金扶持重点落在规模性油茶基地的林间路和水肥一体化设施建设，以及油茶全生育期气象服务监测系统搭建，强化灾害气候预警报警机制。

### 2.缺乏保障政策有效实施的措施机制

为重点发展油茶产业，大部分省（区、市）将油茶产业推进成效纳入当地推进乡村振兴考核和林长制考核的内容。但为确保考核成效，还需要建立行之有效的制度或监督机制来确保政策的有效落实。一般来说，通过建立实时成效监测体系、定期调度通报制度和制定行之有效的奖惩制度，可极大减少政策落实时产生的信息差和时间差，以确保扶持资金有效落实和任务指标高效完成。比如，在油茶良种推广具体落实措施方面，亟待出台行之有效的"推广+管理+奖励"政策，减小良种推广阻力，推动种植户积极自主择优选择油茶品种。另外，因油茶项目周期长，目前缺乏针对油茶项目的跟踪管理机制和评估办法，一般的评估方法在短时间内很难反映真实情况，这给项目的验收和未来的成效评估带来困难，导致项目资金很难实现最大化有效利用。

## 二、油茶单位面积产量低

### 1. 油茶品种配置不合理

油茶因自交不亲和特性，种植时需进行苗木品种配置。但目前关于品种配置的理论指导和实践案例尚不成体系，未形成科学统一的配置标准。加之采穗圃技术人员、育苗户等实际操作人员缺乏专业知识技能和有效沟通管理，导致油茶品种不明确、出圃配置不合理，进而造成油茶林低产、产油量未及预期。

### 2. 栽培管理技术落后

品种选择不当、造林选址不合理、造林密度过高，后期管理精细化和精准化程度不够，均会导致良种优势不能得到充分发挥。此外，油茶栽培采摘机械化水平低，适用于油茶专用的机械设备较少，需要大量劳动力，不仅增加了劳务成本，还降低了生产效率。现有机械设备研发思路缺乏从全产业链应用角度的综合思考，仅局限单个技术问题解决。我国油茶主产区种植油茶的历史悠久，油茶种植户根深蒂固的种植习惯和传统思维方式在一定程度上制约了新型栽培管理技术的推广和应用。油茶为多年生木本油料作物，前4~5年几乎无收益，套种、间作模式虽可弥补油茶早期种植无收益问题，但尚未形成针对自身区域特点的高产高效间种和套种模式。此外，技术指导不到位，主要表现为缺乏专业指导人员和指导缺乏系统性和连贯性，当地政府介入组建"科研机构

+地方机构+种植户"的科技帮扶团,定期对油茶种植户进行指导和培训显得尤为必要。

### 3.老油茶林占比较高

新造油茶林由于经营主体的主动管护意识弱、经营技术的缺失,油茶种植整体上仍处于"人种天养"状况,部分进入盛产期的新造油茶林产量也没有达到预期高产目标。现有油茶林中老油茶林占比较高,亩产茶油多在10千克以下,大部分老油茶林改造难度较大。2023年全国茶油产量80万吨,折算每亩产油量11千克左右,良种性能未得到充分发挥。

### 4.油茶基地基础设施不完善

油茶主要种植在丘陵山地,丰产高产亟须的灌溉、供电和道路等基础设施严重不足,导致农资、机械设备、油茶果等生产资料运输困难,缺乏灌溉设施不仅影响含油率,甚至可能导致落果、死树。油茶生产整体上仍处于"人种天养"状况,抵御高温干旱等自然灾害的能力比较弱,高产稳产得不到保障。

## 三、茶油产品竞争力不足

### 1.茶油加工技术有待革新

茶油是油茶的主要加工产物,其提取过程是油茶加工的关键。目前茶油提取方法主要包括压榨法、浸出法、水代法和水酶法等,虽各有优势,但多少存在得油率低、能耗大、制油质量不佳、易造成环境污染等问题。现有茶油提取工艺大多参考大宗油料作物原油制取方法,针对富含油酸的绿色、集约、高效茶油提取工艺尚待研发。

### 2.茶油细分产品少

茶油市场以单一产品为主,缺乏有效组合产品。虽在化工、生物材料及大健康等领域有所涉及,但由于关键技术还没有得到有效突破,加上宣传不足、获客成本高等因素的影响,导致茶油在市场占比少,影响力不足,尚未形成显著的市场气候。

### 3. 副产物加工技术有待开发

茶油加工副产物制取工艺的复杂，提高了茶皂素、多酚等功能成分提取成本。油茶果壳在食用真菌培养基配制、活性炭制取、有机肥料生产和生物燃料、电极材料开发等领域具有广阔的应用前景，但现有副产物加工技术尚未能充分利用油茶资源，产业链没有得到很好的延展。

## 四、茶油品牌建设滞后

### 1. 茶油相关质量标准存在不统一、缺失等问题

标准体系不健全给油茶种植、加工、储运、销售等环节带来诸多不便。例如，现有国家标准《油茶籽》（GB/T 37917—2019）和行业标准《油茶籽》（LS/T 3119—2019）均以"含油率"作为定等指标，对油茶籽进行了等级划分。但由于划分等级级数和限值设置不一致，导致标准使用者进行采标选择时感到困惑，同时也对油茶籽采后分级、运输存放和后期加工制品品质保障产生负面影响，更对油茶产品进一步走出国门带来不便。茶油及加工副产物品质会受原料品质、加工工艺、储运方法及后期销售贮藏方法影响，但因相关基础研究不足，尚未形成可以细致、全面反映产业各环节的油茶种植和采后标准。

### 2. 茶油品牌建设差异化不足

虽然优良的产品品质是品牌打造的基础，但如果未在消费者心目中产生辨识度进而留下深刻印象，就无法形成真正的品牌。现有油茶相关产品宣传多集中于茶油自身的高油酸营养特性上，而没有凸显因优质品种、独特种植模式、精细化水肥管理、特殊加工工艺而赋予产品异于其他同类产品的差异化品质特征。目前，全国有包括湖南、江西、广西、湖北等15个省（区、市）种植油茶，许多地方以省、市、县的名义冠名当地油茶及茶油产品并申请了地理标志产品保护，还制定了相应产品标准体现各地区山茶油品质特色。不同地区的资源禀赋、生长条件、栽培模式和风俗文化赋予农产品独特外观、营养品质和文化内涵，而这种不同正是形成品牌个性和独特性、增加品牌辨识度、用于品牌宣传的宝贵资源，值得深入挖掘，并在品牌打造中予以应用。

### 3.茶油品牌体系发展不协调

尽管已有很多优秀油茶企业和油茶相关产品，但还未到区域公用品牌有效助力企业品牌和产品品牌，或具有实力的企业品牌和产品品牌支撑区域公用品牌的阶段。在品牌建设方面，区域公用品牌、企业品牌和产品品牌三者协同促进的局面尚未形成。大部分油茶主产区尚未摸索到政府、企业、基地合作社等多方主体以品牌化经营思路，共同推动区域公用品牌、企业品牌和产品品牌协同发展的有效组织模式。

# 第二节　主要原因分析

## 一、思想传统保守

传统的油茶栽培模式和种植技术虽然为我国油茶种植积累了宝贵而丰富的经验，为油茶产业的发展奠定了坚实的基础，但随着油茶相关基础研究逐步深入、科学技术不断进步，一些传统的种植管理理念已无法满足国家对现代油茶产业"绿色、高效"的发展要求。传统上，油茶生产被当作副业和食用油的补充来源，相较于大宗粮食、油料作物而言，投入精力不大，某些地区已形成"人种天养"的粗放种植习惯。此外，现今油茶种植户普遍年龄偏大，缺少年轻劳动力，对新思想的接受程度有限，这进一步加大了改变难度。传统守旧和故步自封的小农思想限制了油茶优良新品种的推广，阻碍了集约、高效、高产种植模式的实施，导致油茶种植成本增加、品质下降，进而无法满足后端加工、消费需求，从而影响了油茶种植户的积极性。例如，在高产优质新品种推广方面，虽然政府采取多种积极政策加大油茶良种推广力度，但具体落实情况却不尽如人意。农户零散种植方式、不成规模的林分状态、不按时施肥等问题，使得每亩茶油年产量低下。

## 二、技术创新不足

我国油茶科研工作在良种繁育、高产栽培、油茶加工、副产物综合利用和机械化等方面取得了显著成效,但针对油茶相关的基础性研究工作和技术应用还有待进一步完善和深入。例如,油茶良种早期鉴别工作依旧困难,仅通过苗木外观形态进行简单鉴别,分子鉴别技术还未得到广泛应用。适宜机械化种植采收的油茶优良品种缺乏,尤其对新兴油茶种植区和示范种植基地高效发展带来困难。精准栽培管理技术研究方面仍存不足。保花保果精准技术的缺失致使良种优异品质无法充分展现,不少新良种出现无花无果、叶多花少、花多果少等现象。技术服务指导不足,科技帮扶效果不佳。在油茶传统种植区,种植户因思想保守难以接受新品种和新的栽培管理方式;而对于新兴种植区,尤其是零散种植户因利润驱使盲目种植,缺乏有效科学指导,往往凭借他人经验和不成体系的管理模式,导致油茶种植收益不尽如人意。整体来看,虽然国家及地方政府每年不断加大油茶产业的科技投入,但随着油茶种植面积不断扩大,种植区不断增加,各地县乡依旧缺乏长期固定技术人员;再加之油茶技术力量薄弱,技术知识更新缓慢,使当地原有技术人员难以担负油茶技术指导的职责。此外,除了基层固定技术指导人员缺失外,大部分油茶种植区还缺少以国家权威科研机构带头的专业科技服务团队,以及专业帮扶计划方案和服务体系。基层技术指导员薪酬机制和科技帮扶人员奖励机制的缺失是导致科技无法深入基层和长期应用到基层的重要原因。

## 三、产业结构单一

油茶种植是油茶产业发展的基石,但实现油茶产业高质量发展还需在稳定增强种植环节前提下,结合当地产业基础和特色,推进油茶加工、储运、消费、体验和服务等领域,以延伸产业链和提升价值链,实现油茶一二三产业深度融合,促进当地产业兴旺。从油茶产品开发角度看,现有产品未充分挖掘油茶营养价值,产品品类局限、市场竞争力弱,需要进一步拓宽研发思路。随着精准营养和个性化定制技术的发展，开发满足不同人群生理需要的个性化油茶产品、不同形态的油茶保健食品和特殊医学用途食品，将会受到消费市场欢迎。从农业多功能性角度看，当下大部分地区油茶产业发展未充分利用和发挥农业多元化作用，特别是在一二三产业的融合方面不够深入、缺乏厚度与广度，导致产业发展乏力。

## 四、品牌意识薄弱

我国茶油品牌建设尚处于发展初期，政府品牌意识薄弱，对品牌认识不深入，没有形成强有力的品牌建设组织体系，进而缺少品牌驱动的经营理念和宣传思路。随着国家对油茶产业发展扶持力度不断加大，近些年油茶相关注册商标和专利申请、授权数量较之前有大幅度提升。政府积极申请和登记油茶地理标志，将符合要求的生产企业纳入地理标志证明商标使用主体范围；油茶主产省份相继打造区域公用品牌，如"湖南茶油""赣南茶油""广西山茶油"等，各地也纷纷涌现一批具有市场竞争力的油茶企业品牌。然而，由于政府在油茶品牌建设方面认识不足，多数用品牌数量作为相关工作的衡量指标，而忽略了品牌打造的本质内容。再加之各地社会团体组织推出的科学性与客观性有待考察的品牌排行榜、最受欢迎品牌榜等，某种程度会对消费者产生误导，同时阻碍其他"未上榜"品牌良性发展。地方政府和企业在品牌经营和宣传方面，也会因品牌意识薄弱和对品牌认识不够，忽略自身地域、企业、产品特色的挖掘和对消费市场动向的掌握，没有将独特优势、特点与品牌建设有机融合，从而未给消费者留下深刻印象。

# 第三节　主要对策建议

## 一、建立全方位落实机制

一是进一步解放思想,实现从林业思维向产业思维的转变。重点是完善顶层设计,尽量让更多的部门和单位参与进来,推动产业链、创新链、人才链、政策链、资金链融合发展。二是打好组合拳,加强部门与地方在制定出台产业发展政策、开展行业指导方面的衔接协调,优化产业发展政策链条,增强政策的联动性及落实力度。三是优化产业扶持政策,实现产业链全覆盖,特别是要加大对产业中下游支持的力度,从根本上解决产业发展的难点、痛点与堵点,为油茶产业健康持续发展提供保障。

## 二、多渠道强化资金支持

一是政府在争取中央财政补贴的同时,应与企业、政策性银行、保险机构等多家主体合作,积极探索以"资源整合,风险共担"为原则的多元化、创新金融支持模式。例如,针对油茶挂果、丰产期长问题,地方政府宜建立整体支持模式,即政府在合法合规前提下将林地流转给国有企业,政策性银行为国有企业提供中长期贷款。二是聚焦油茶林改造、油茶示范基地打造领域的资金支持力度,筑牢茶林规模化建设基础。三是建立油茶户评定制度和油茶林评估机构,将信誉良好、潜力大的种植户评定为示范户,推荐给金融机构,以帮助其获得一定优惠额度或低利率贷款,也极大降低金融机构放贷风险。四是通过互联网资源优势建立股权筹资新模式,鼓励龙头企业搭建供应链金融平台,吸引金融机构支持,为产业链各环节主体提供线上金融服务。

## 三、大幅提高种植效益

一是推行良种良法。建立健全油茶产业技术体系,严格执行技术标准,积极宣传贯彻《油茶》等技术标准，推动标准化油茶种植基地建设。二是加快低产林改造。对有潜力的老林和低产林实施综合改造，盘活林地资源，改变低产低效的局面，提高油茶总体产量，推动油茶提质增效。三是推进水肥一体化及配套设施建设，提升油茶基地设施化和精细化水平，确保新造林生长快、产量高、品质优和效益好。

## 四、大力提升加工水平

一是实施油茶精深加工工程，聚焦精深加工和综合利用，推进油茶加工副产品循环综合利用。二是加快完善多级化、高值化的油茶加工体系，实施对茶油、茶饼、茶壳等的综合利用，提取茶皂素、多酚、多糖物质、蛋白质、单宁和生物碱等高级化工原料，加强茶油系列衍生品研发，研制生产高端精品茶油、茶油护肤品、保健品、日化用品等新型产品，进一步提升油茶的附加值。三是着力培育一批油茶专用配套设备和生产资料生产企业，为实现油茶产业现代化生产提供良好装备支撑。四是在油茶生产重要集镇以及物流节点，配套建设油茶鲜果脱壳和冷链仓储设施，着力改善产区油茶资源仓储集散条件，提高油茶籽供给保障能力。

## 五、巩固延伸产业链

一是积极组建多元化经营主体。政府可通过"资源共享、信息共通、利益共创"的多种组织模式，建立加工企业+种植户+合作社、加工企业+种植基地+专业合作社、加工企业+种植基地+销售服务组织等，在加强产业上中下游融合基础上，扩大经营主体规模，从而便于获得具有针对性的科技服务、长期信贷支持和稳定的市场资源。二是通过培育种植大户的形式，鼓励进城返乡青年、个体商户、外地客商以承包、入股、租赁等多种形式经营油茶基地，为当地油茶产业发展注入新鲜血液，更好地将种植与消费环节紧密连接，及时掌握消费市场需求，拓宽油茶产业发展路径。三是充分发挥农业多元化功能属性，结合当地区位优势和人文特色，注重油茶产业链的横向延伸发展。四是积极寻求油茶产业与文化、教育、旅游、医养等多领域的交汇点,探索跨领域交叉合作。例如:打造油茶主题公园,举办山茶花赏花活动和游园会;建立油茶标准化种植基地时布设观光游玩区和体验区,定期组织中小学生参加油茶采摘、手工榨油活动,科普茶油知识,参观榨油和油茶产品加工工厂;打造油茶高端度假村和康养小镇,吸引周边城区市民前来观光疗养。

## 六、完善技术服务体系

一是鼓励在油茶产地建立油茶科研平台,促进地方与国家油茶工程技术中心、国家林业和草原局油茶工程技术研究中心、国家油茶科学中心等国家平台的交流与合作,提升地方科研技术水平。二是促进高校、科研机构、科研平台与油茶龙头企业的合作,搭建产学研交流平台,解决产业上中下游技术问题,加速推动科技成果转化应用。三是在科研资金方面,除争取中央财政经费、科研专项经费外,还可设立针对当地油茶产业问题的技术基金,广泛筹集社会资金,加强与金融机构交流,推动设立油茶科技贷款产品,支持当地油茶产业技术问题的解决。四是在专业人才培养方面,鼓励当地院校在学科分类中增加油茶科学与技术相关专业,着重培养专项人才。通过完善科研人员和技术人员的薪酬、奖励制度和组织管理机制,建立"科研机构—农户—合作社"的科技服务体系,以形成长期稳定的定点科技帮扶人才队伍。通过配合开展定期培训讲座、定期技术指导与咨询。通过创业补助、资金优惠等政策吸引大学生返乡创业。

## 七、着力推进品牌建设

一是创新公用品牌运营模式,建立"政府引导、市场化运作"机制。例如,建立以地方农资发展投资集团控股的品牌管理公司,委托其通过科研成果整合推广油茶项目投融资、产销大数据平台搭建、品牌营销网络建设等多种方式。在加强与地方油茶企业沟通和品牌共建前提下,对区域公用品牌进行运营管理。二是积极进行油茶及相关产品的绿色食品、有机食品申请认证,吸纳更多符合要求的当地企业使用，同时，企业品牌和产品品牌应在区域公用品牌管理制度和宣传理念范围内，结合自身企业技术、产品、文化特色，发展油茶企业品牌和产品品牌。三是强化宣传，深入挖掘产品外观、食用、营养品质和地域文化等品牌特色，提升品牌影响力和竞争力。四是建立突出本区域品牌特色的油茶标准体系。

## 八、强化产业协会建设

一是发挥协会专业优势，搭建多元服务平台。行业协会要及时跟进并认真研究油茶产业政策措施，搭建政策咨询平台，为企业及时提供准确的信息服务，指导企业用好用足各项支持性政策措施。充分发挥协会资源汇聚优势，搭建企业与金融机构合作、与中介机构咨询及企业间供需对接等沟通交流平台，为产业上中下游企业提供一站式服务。二是创新产业发展新模式新路径。行业协会要深入研究总结油茶产业的新业态、新模式，积极与科研院校开展合作，共同攻关共性关键技术和基础产品，促进油茶企业转型升级。此外，鼓励企业参加国内外展览展会，助力企业开拓市场，并通过制作油茶纪录片、公益广告、宣传片等方式，逐步改进国民食用油消费理念，培育茶油消费群体。三是引导产业规范经营。加强国家、省市县行业协会之间的沟通交流，发挥各自优势，搭建服务平台，积极参与市场监管体系和社会信用体系建设，加快行业标准衔接、推动市场准入门槛相通，不断规范市场发展环境。鼓励引导行业协会以油茶产业高质量发展、油茶产业新质生产力培育为主题，通过政策咨询、走访调研、专家座谈、数据分析等方式，形成调研报告，及时准确反映行业诉求，为行业发展规划、政府制定产业政策提供可靠依据。

# 附录1

# 2023年油茶产业发展大事记

## 一、相关政策

### （一）国家政策

1. 国家林业和草原局、国家发展和改革委员会、财政部关于印发《加快油茶产业发展三年行动方案（2023—2025年）》的通知（林改发〔2022〕130号）

2. 自然资源部、国家林业和草原局 《关于保障油茶生产用地的通知》（自然资发〔2022〕99号）

3. 国家林业和草原局办公室 《关于做好油茶生产用地保障工作的通知》（办改字〔2022〕88号）

4. 国家林业和草原局关于印发《林草产业发展规划（2021—2025年）》的通知（林规发〔2022〕14号）

5. 国家林业和草原局关于印发《全国油茶主推品种和推荐品种目录》的通知（林场发〔2022〕95号）

6. 国家林业和草原局乡村振兴与定点帮扶工作领导小组办公室关于印发《林草推进乡村振兴十条意见》的通知

7. 中国人民银行、国家金融监督管理总局、证监会、财政部、农业农村部印发《关于金融支持全面推进乡村振兴加快建设农业强国的指导意见》（银发〔2023〕97号）

8. 中国人民银行《关于做好2022年金融支持全面推进乡村振兴重点工作的意见》（银发〔2022〕74号）

9. 国家发展改革委、国家林草局、科技部等《关于科学利用林地资源　促进木本粮油和林下经济高质量发展的意见》（发改农经〔2020〕1753号）

（二）地方政策

**1. 浙江**

（1）浙江省林业局、省发展改革委、省财政厅联合印发《浙江省油茶产业发展三年行动方案（2023—2025年）》

（2）浙江省人民政府办公厅《关于增强油料供给保障能力促进产业高质量发展的实施意见》（浙政办发〔2020〕51号）

（3）浙江省林业局印发《浙江省木本油料全产业链发展实施方案（2022—2025年）》

（4）浙江省发展和改革委员会、浙江省林业局、浙江省科学技术厅等12部门关于印发《关于科学利用林地资源促进木本粮油和林下经济高质量发展的实施意见》的通知（浙发改农经〔2022〕107号）

**2. 安徽**

（1）安徽省林业局、安徽省发展和改革委员会、安徽省财政厅、安徽省农业农村厅关于印发《安徽省加快油茶产业发展三年行动方案（2023—2025年）》的通知（林造函〔2023〕142号）

（2）安徽省人民政府办公厅印发《关于推进木本油料产业发展若干措施的通知》（皖政办秘〔2022〕48号）

**3. 福建**

（1）福建省林业局《福建省油茶生产三年行动方案（2023—2025年）》

（2）福建省林业局关于印发《福建省林业产业发展指南（2021—2035年）》的通知（闽林文〔2022〕48号）

**4. 江西**

（1）中共江西省委办公厅、江西省人民政府办公厅关于印发《江西省推动油茶产业高质量发展三年行动计划（2023—2025年）》的通知（赣办发〔2023〕15号）

（2）《江西省山茶油发展条例》（江西省第十三届人民代表大会常务委员会公告第158号）

（3）江西省人民政府办公厅《关于推动油茶产业高质量发展的意见》（赣府厅发〔2020〕39号）

**5. 河南**

（1）信阳市人民政府办公室关于印发《信阳市加快油茶产业发展三年行动方案（2023—2025年）》的通知（信政办〔2023〕40号）

（2）中共信阳市委　信阳市人民政府印发《关于加快油茶产业高质量发展的实施方案》的通知（信发〔2021〕16号）

（3）信阳市人民政府《关于推进油茶产业高质量发展的意见》（信政文〔2019〕126号）

**6. 湖北**

（1）湖北省林业局、湖北省财政厅、湖北省自然资源厅、湖北省农业农村厅、中国人民银行武汉分行关于印发《湖北省油茶产业扩面提质增效行动方案（2022—2025）》的通知（鄂林改〔2022〕111号）

（2）湖北省发展和改革委员会、省林业局等10个厅局印发《湖北省关于科学利用林地资源促进木本粮油和林下经济高质量发展的实施意见》

**7. 湖南**

（1）湖南省林业局、湖南省发展和改革委员会、湖南省财政厅关于印发《湖南省油茶产业发展三年行动方案（2023—2025年）》（湘林经〔2023〕5号）

（2）湖南省人民政府办公厅关于印发《湖南省财政支持油茶产业高质量发展若干政策措施》的通知（湘政办发〔2021〕33号）

（3）《湖南省促进油茶产业发展若干规定》（湖南省第十四届人民代表大会常务委员会公告第12号）

（4）湖南省自然资源厅、湖南省林业局印发《关于保障油茶生产用地的通知》

（5）湖南省林业局关于印发《湖南省油茶种苗质量管理办法》的通知（湘

林场〔2024〕2号）

### 8. 广东

广东省林业局、广东省发展改革委、广东省财政厅、广东省自然资源厅、广东省农业农村厅印发《广东省加快油茶产业发展三年行动方案（2023—2025年）》（粤林〔2023〕20号）

### 9. 广西

（1）广西壮族自治区人民政府《关于实施油茶"双千"计划助推乡村产业振兴的意见》（桂政发〔2018〕52号）

（2）广西壮族自治区林业局、广西壮族自治区地方金融监督管理局、中国银行保险监督管理委员会广西监管局《关于加大信贷支持力度促进全区油茶产业发展工作的通知》（桂林发〔2019〕5号）

（3）广西壮族自治区林业局办公室关于印发《广西加快油茶产业发展三年行动（2023—2025年）种苗保障方案》的通知（桂林办生字〔2022〕28号）

（4）广西壮族自治区林业局、广西壮族自治区发展和改革委员会、广西壮族自治区财政厅关于印发《广西加快油茶产业发展三年行动方案（2023—2025年）》的通知（桂林发〔2023〕3号）

（5）广西壮族自治区林业局关于印发《广西加快油茶产业发展三年行动新造林和低产林改造项目检查验收办法（试行）》的通知（桂林规〔2023〕5号）

（6）广西壮族自治区林业局办公室关于印发《2023年全区加快油茶产业发展实施方案》的通知（桂林办生字〔2023〕7号）

（7）中国人民银行南宁中心支行、广西壮族自治区林业局、广西壮族自治区地方金融监督管理局、中国银行保险监督管理委员会广西监管局联合印发《关于金融支持广西油茶产业高质量发展的通知》（南宁银发〔2023〕72号）

### 10. 海南

海南省林业局、海南省发展和改革委员会、海南省财政厅关于印发《海南省油茶发展三年行动方案（2023—2025年）》的通知（琼林〔2023〕216号）

### 11. 重庆

重庆市林业局关于印发《重庆市油茶生产三年行动方案（2023—2025年）》的函（渝林函〔2022〕265号）

### 12. 四川

四川省人民政府办公厅《关于加快发展油茶产业的实施意见》（川办发〔2022〕65号）

四川省人民政府关于印发《建设"天府森林粮库"实施方案》的通知（川府发〔2023〕24号）

### 13. 贵州

贵州省林业局、贵州省发展改革委、贵州省财政厅、贵州省农业农村厅、贵州省乡村振兴局关于印发《贵州省加快油茶产业发展实施方案（2023—2025年）》的通知

### 14. 云南

云南省人民政府办公厅关于印发《云南省林草产业高质量发展行动方案（2022—2025年）》的通知（云政办发〔2022〕84号）

### 15. 陕西

陕西省林业局关于印发《林草产业发展"十四五"规划》的通知（陕林财发〔2022〕114号）

## 二、领导关怀

### 1. 胡春华强调：采取过硬措施确保完成大豆油料扩种任务（新华社，2022年3月18日）

扩种大豆油料工作推进电视电话会议2022年3月18日在京召开。中共中央政治局委员、国务院副总理胡春华出席会议并讲话。会议指出，要强化油茶扩种的用地和资金支持，推进低产低效油茶林改造。持续促进各类特色油料作物和木本油料生产，全面提高油料综合保障能力。

**2. 湖北全面推动油茶产业扩面提质增效（《中国绿色时报》，2022年8月12日）**

2022年4月14日，湖北省长王忠林、副省长赵海山批示，要求推动油茶等木本油料产业发展。湖北省将油茶产业纳入全省十大农业产业链支持范围，从今年起至2025年，省财政每年新增5000万元支持油茶等木本油料产业发展。

**3. 全国政协调研组来湘调研：发展多种油料作物 保障食用油供应（《湖南日报》，2022年8月18日）**

2022年8月16日至18日，全国政协调研组来湖南，围绕"发展多种油料作物 保障食用油供应"开展专题调研。调研组肯定了湖南在油料生产方面做出的贡献，希望湖南进一步贯彻落实好党中央大力发展油料产业特别是油茶等木本油料生产的有关决策部署，为全国茶油产业做好标杆示范。

图1　全国政协调研组在湖南调研座谈会现场

（2022年8月16日至18日，全国政协在湖南开展"发展多种油料作物，保障食用油供应"专题调研。通讯员李飞 摄）

**4. 国家林业和草原局总工程师闫振到来宾市调研香花油茶发展工作（广西壮族自治区林业局官网，2022年9月6日）**

2022年9月5日下午，国家林业和草原局总工程师闫振率队到来宾市调研香花油茶发展工作情况。闫振一行实地考察了来宾市国家现代农业产业园广西元益香花油茶新品种中试基地,详细了解了香花油茶第一代无性系和高世代无性系生长、种植投入、结果及出油率等情况,对来宾市开展香花油茶研究和推广工作给予了充分肯定,并指出,来宾市香花油茶发展成效好,看了让人倍增信心;发展油茶种植种苗是关键,要加强种苗管理,保证苗木质量,让农户种了要结果,要有收成。

图2　国家林业和草原局总工程师闫振(右)在广西视察

**5. 全国政协常委、国家林业和草原局副局长刘东生到广西林科院开展油茶产业调研(广西壮族自治区林业局官网,2022年9月16日)**

2022年9月15日,全国政协常委、国家林业和草原局副局长刘东生率调研组到广西林科院开展油茶产业调研并召开座谈会。刘东生指出,广西作为全国林业产业大省,要充分发挥资源优势,优化产业结构,发挥科技作为第一动力的作用,把林业作为绿色经济发展的重要引擎。他强调,要根据油茶主要品种的技术特性、产品特性、适生区域等,编制《香花油茶良种选育及丰产栽培技术指南》,为全国油茶产业发展提供参考借鉴。

图3　国家林业和草原局副局长刘东生（左二）一行在广西调研

图4　国家林业和草原局副局长刘东生（左三）一行在广西调研座谈会

**6.许永锞出席全区油茶产业发展暨国家储备林建设现场会（广西新闻网，2023年2月11日）**

2023年2月10日,2023年广西油茶产业发展暨国家储备林建设现场会在来宾召开,会议推动实施广西"十四五"油茶生产任务和国家储备林"双千"计划,总结交流经验,部署工作任务,协同促进油茶产业和国家储备林高质量发展。广西壮族自治区党委常委、自治区副主席许永锞强调,全面贯彻落实党中央、国务院和自治区党委、政府关于发展油茶和建设国家储备林的重大决策部署,强化保障措施,压实主体责任,以油茶产业和国家储备林高质量发展,加力建设现代林业强区、加快推进绿色发展。要认清新形势、落实新任务和贯彻新要求,充分挖掘林地潜力和优势,建设森林"油库",推动油茶种植扩面、提质、增效,实现油茶产业与乡村振兴有效衔接。要进一步把握国家储备林建设新形势新机遇,抓住金融优惠政策红利期、企业绿色转型机遇期、国家"双碳"目标关键期、示范区建设黄金期,推动国家储备林高质量发展,努力走出具有广西特色的绿色发展之路。

**7. 张迎春：坚定信心多措并举 全面落实油茶生产任务（湖南省人民政府门户网站,2023 年 3 月 29 日）**

2023年3月28日,湖南省油茶产业高质量发展现场推进会在衡阳召开。湖南省委常委、副省长张迎春指出,发展油茶产业是落实党中央国务院决策部署、维护国家粮油安全、助力乡村振兴战略的必然要求,必须保持定力,坚定信心,持续推进。各级各有关部门要统筹目标和任务,针对当前的任务与资金矛盾,突出抓好重点市县任务的落地、抓好与其他工作的结合;统筹存量和增量,强化现有油茶林管护和低产林改造,扩大高产林新造;统筹政府引导和市场投资,强化财政资金引导能效,全力争资争项,抓好资金整合,加大市场化融资力度,引导政策性银行、社会资本、大企业集团、群众加大油茶投入;统筹品种和技术,大力推行良种、良法;统筹增收和提效,调动林农积极性,发展专业

图5　湖南省油茶产业高质量发展现场推进会

化服务组织，大力培育龙头企业；统筹保护和保障，营造良好的法治氛围和市场环境，强化油茶用地保障。

**8. 全国政协委员刘永富到三门江林场调研油茶精深加工（广西壮族自治区林业局官网，2023 年 5 月 13 日）**

2023年5月13日，十四届全国政协委员，原国务院扶贫办党组书记、主任刘永富到三门江林场生态茶油公司调研"桂之坊"精深加工。调研组详细了解公司经营管理、原料基地建设、原料质量控制、产品种类、电商渠道建设、品牌推广、衍生产品开发、副产品综合利用和产业带动等情况，并强调，一要立足科技创新，提高油茶产业的科技含量和市场竞争力；二要聚焦全产业链发展，强化衍生产品开发及副产品综合利用，提升油茶产业的附加值；三要在降成本、降价格、提效益上下功夫，构建"农民有增收、企业有利润、百姓吃得起"的产业发展新局面。

图6　十四届全国政协委员刘永富（右二）在广西柳州三门江林场生态茶油公司调研"桂之坊"

**9. 全国政协委员刘永富到广西林科院调研油茶产业发展情况（广西壮族自治区林业局官网，2023 年 5 月 17 日）**

2023年5月15日，全国政协委员、全国政协农业和农村委员会副主任、原国务院扶贫办主任刘永富一行到广西林科院开展油茶产业技术创新工作调研。调研组一行深入广西林科院香花油茶采穗圃进行实地调研，了解油茶种质资源收集以及香花油茶新品种培育情况。调研组对广西林科院科技创新成果以及油茶种质资源收集和新品种培育所取得的成效给予充分肯定和赞赏，并勉励林科院科技人员要继续开展高产油茶栽培技术研究，加大油茶科技成果推广应用示范，推动油茶产业规模化、专业化发展，借助科技力量加快补齐广西油茶产业发展短板，提高油茶产量和质量，充分发挥好油茶产业在促农增收，促进乡村振兴中的积极作用，助推广西经济社会快速发展。

图7　全国政协委员刘永富考察香花油茶高产新品种

**10. 国家林业和草原局局长关志鸥巡视"湖南茶油"展馆（湖南省林业局，2023 年 6 月 15 日）**

2023年6月10日至12日，首届中国乡村特色优势产业发展峰会在京举行，同期举办了以"发展油茶产业利国利民"为主题的油茶产业发展论坛。峰会开幕式后，国家林业和草原局党组书记、局长关志鸥等有关领导巡视了"湖南茶油"公用品牌展馆，详细了解湖南省茶油企业产品生产、市场开拓、品牌建设等情况，并对湖南油茶产业的发展给予高度肯定和悉心指导。

**11. 江西省油茶产业高质量发展推进会召开（江西省人民政府，2023 年 7 月 29 日）**

2023年7月28日，江西省油茶产业高质量发展推进会在南昌召开，江西省委常委梁桂指出，推进油茶产业高质量发展，是践行"两山"转化理念、促进农民增收的重大举措，必须统一思想认识、发挥优势条件，正视问题不足、找准发展路径，以务实举措推动油茶产业发展取得新突破。必须坚持问题导向、做到精准施策，牢牢抓住市场"牛鼻子"，着力提高利用率和附加值，提高生产经营组织化程度，深入推进科技创新，促进江西油茶产业提质增效。必须健全体制机制、凝聚工作合力，加强组织领导，注重典型引路，强化要素保障和督导考核，努力形成你追我赶、竞相发展的生动局面。

**12. 国家林业和草原局局长关志鸥到广西林科院调研**

2023年9月17日，国家林业和草原局局长关志鸥在广西林科院调研时，听取了广西林科院在油茶科技创新方面的汇报，现场察看了香花油茶基地，对广西林科院在香花油茶育种方面取得的成效给予充分肯定。

图8　国家林业和草原局关志鸥局长考察香花油茶高产新品种

**13. 湖南省委书记沈晓明在永州市调研油茶产业（《永州日报》，2023年11月14日）**

2023年7月5日，湖南省委书记沈晓明到祁阳调研油茶产业时指出："要加快科技创新步伐，加强良种选育和规模繁育，运用新技术改进生产加工工艺，着力提高油茶出油率，不断提升油茶产业经济效益。要把促进百姓增收放在心上，延伸油茶产业链条，推动农林文旅融合发展，带动当地群众稳定就业增收。"

## 三、重要研究项目

| 序号 | 立项单位 | 项目类别 | 项目名称 | 实施期限 | 项目负责人 | 承担单位 | 参与单位 |
|---|---|---|---|---|---|---|---|
| 1 | 湖南省科技厅 | 院士后备人才培养计划 | 院士后备人才培养计划 | 2022.3—2024.12 | 陈永忠 | 湖南省林业科学院 | — |
| 2 | 湖南省科技厅 | 湖南省重点研发计划 | 基于航天育种技术的油茶优异种质创制 | 2023.7—2025.7 | 王瑞 | 湖南省林业科学院 | 湖南省核农学与航天育种研究所 |
| 3 | 湖南省科技厅 | 湖南省重点研发计划 | 丘陵山区油茶机械化抚育关键技术与装备研发 | 2023.7—2025.7 | 唐琦军 | 山河智能装备股份有限公司 | 湖南农业大学、湖南省林业科学院 |
| 4 | 国家林业和草原局 | 揭榜挂帅 | 油茶采收机械研发 | 2022.8—2024.8 | 周建波 | 国家林业和草原局哈尔滨林业机械研究所 | 中南林业科技大学、南京林业大学、江西农业大学、浙江理工大学、北京市农林科学院智能装备技术研究中心、浙江强林智能林草装备研究院、湖南省林业科学院 |
| 5 | 中华人民共和国科学技术部 | 国家重点研发专项 | 热带木本油料作物新品种培育及高效配套关键技术研究与示范 | 2023.12—2027.11 | 叶剑秋 | 中国热带农业科学院椰子研究所 | 上海交通大学、中国林业科学院亚热带林业研究所、海南大学、武汉轻工大学、中国农业科学院深圳农业基因组研究所、中国热带农业科学院南亚热带作物研究所、广东生态工程职业学院、海南兴科热带作物工程技术有限公司、防城港澳加粮油工业有限公司 |
| 6 | 海南省科技厅 | 海南省重点研发计划 | 海南油茶品种配置研究与应用 | 2023.6—2026.6 | 贾效成 | 中国热带农业科学院椰子研究所 | — |

| 序号 | 立项单位 | 项目类别 | 项目名称 | 实施期限 | 项目负责人 | 承担单位 | 参与单位 |
|---|---|---|---|---|---|---|---|
| 7 | 湖南省科技厅 | 湖南省自然科学基金面上项目 | 节律基因TOC1介导ABA信号转导途径在油茶抗旱性中的功能研究 | 2022.1—2024.12 | 何之龙 | 湖南省林业科学院 | — |
| 8 | 湖南省科技厅 | 湖南省自然科学基金重大项目（揭榜挂帅） | 湖南优势作物高品质基因挖掘及其利用研究 | 2022.1—2024.12 | 邹学校 | 湖南农业大学 | 湖南杂交水稻研究中心、中南林业科技大学、中国科学院亚热带农业生态研究所、湖南省林业科学院、湖南省作物研究所、湖南省蔬菜研究所、湖南省茶叶研究所、华智生物技术有限公司 |
| 9 | 湖南省科技厅 | 湖南省科技创新计划种业创新项目 | 油茶体细胞杂交与倍性育种技术研究与新品种创制 | 2021.8—2024.7 | 袁德义 | 中南林业科技大学 | 中南林业科技大学、湖南省林业科学院、湖南大学、湖南林大木本生物科技有限公司 |
| 10 | 国家自然科学基金委员会 | 地区科学基金项目 | 基于BSA—seq和全长转录组技术对陆川油茶出籽率进行性状-标记关联分析 | 2020.1—2023.12 | 叶航 | 广西壮族自治区林业科学研究院 | — |
| 11 | 国家林业和草原局国际合作司 | 亚洲区域专项资金项目 | 东盟地区油茶资源调查与栽培技术推广 | 2022.1—2022.12 | 叶航 | 国家林业和草原局东盟林业合作研究中心（广西壮族自治区林业科学研究院） | — |

| 序号 | 立项单位 | 项目类别 | 项目名称 | 实施期限 | 项目负责人 | 承担单位 | 参与单位 |
|---|---|---|---|---|---|---|---|
| 12 | 广西壮族自治区科技厅 | 广西创新驱动发展专项 | 贫困地区木本粮油产业科技扶贫示范 | 2017.9—2020.12 | 马锦林 | 广西壮族自治区林业科学研究院 | 广西大学、广西壮族自治区农业科学院农业资源与环境研究所、广西壮族自治区农业科学院植物保护研究所、广西壮族自治区中国科学院广西植物研究所、广西壮族自治区亚热带作物研究所、广西金茶王油脂有限公司、凤山县核桃科研开发中心 |
| 13 | 广西壮族自治区科技厅 | 广西创新驱动发展专项 | 广西"万亩百亿"油茶绿色发展技术创新与产业化示范 | 2020.12—2023.12 | 叶航 | 广西壮族自治区林业科学研究院 | 广西大学、广西三门江生态茶油有限责任公司、中国林业科学研究院林产化学工业研究所、广西壮族自治区国有维都林场、防城港澳加粮油工业有限公司、广西田林长江天成农业投资有限公司、广西三椿生物科技有限公司、广西益元油茶产业发展有限公司、田阳华瑞农业有限公司 |
| 14 | 广西壮族自治区科技厅 | 广西科技基地和人才专项 | 香花油茶研究团队培养 | 2023.6—2026.5 | 马锦林 | 广西壮族自治区林业科学研究院 | — |
| 15 | 广西壮族自治区科技厅 | 广西重点研发计划 | 广西油茶特色地方种质遗传多样性研究及评价利用 | 2019.1—2022.12 | 刘凯 | 广西壮族自治区林业科学研究院 | — |
| 16 | 广西壮族自治区科技厅 | 广西重点研发计划 | 广西天峨县油茶低产林成因及其改造技术研究与应用 | 2023.6—2026.5 | 江泽鹏 | 广西壮族自治区林业科学研究院 | — |

续表

| 序号 | 立项单位 | 项目类别 | 项目名称 | 实施期限 | 项目负责人 | 承担单位 | 参与单位 |
|---|---|---|---|---|---|---|---|
| 17 | 广西壮族自治区科技厅 | 中央引导地方科技发展资金专项 | HMGR和OSCs基因调控采后油茶果后熟过程角鲨烯特异性积累的分子机制 | 2023.9—2026.8 | 吴建文 | 广西壮族自治区林业科学研究院 | — |
| 18 | 广西壮族自治区科技厅 | 广西重点研发计划 | 油茶重要经济性状遗传解析研究 | 2021.3—2024.3 | 张照远 | 广西壮族自治区林业科学研究院 | 广西壮族自治区国有维都林场、中国林业科学研究院热带林业研究所 |
| 19 | 广西壮族自治区科技厅 | 广西科技基地和人才专项 | 广西油茶良种苗木分子标记鉴定方法的建立及智能识别软件的开发 | 2021.1—2023.12 | 廖宏泽 | 广西壮族自治区林业科学研究院 | — |
| 20 | 广西壮族自治区科技厅 | 广西自然科学基金项目 | 越南油茶抗炭疽病相关基因的克隆与表达分析 | 2021.1—2023.12 | 廖宏泽 | 广西壮族自治区林业科学研究院 | — |
| 21 | 广西壮族自治区科技厅 | 广西自然科学基金项目 | 香花油茶"大果"种质遗传标记开发与验证 | 2021.10—2024.9 | 郝丙青 | 广西壮族自治区林业科学研究院 | — |
| 22 | 江西省科技厅 | 江西省自然科学基金项目 | 浙江红花油茶CcFAD2-2基因关联籽仁油酸含量差异位点的挖掘和功能验证 | 2023.3—2025.12 | 黄彬 | 江西省林业科学院 | — |
| 23 | 江西省科技厅 | 江西省自然科学基金项目 | 厚叶红山茶与普通油茶早熟品种含油率性状变异的分子基础 | 2022.8—2024.12 | 赵松子 | 江西省林业科学院 | — |

| 序号 | 立项单位 | 项目类别 | 项目名称 | 实施期限 | 项目负责人 | 承担单位 | 参与单位 |
|---|---|---|---|---|---|---|---|
| 24 | 江西省科技厅 | 重点研发计划项目 | 油茶授粉结实关键调控技术研究与示范 | 2022.6—2024.12 | 钟秋平 | 中国林业科学研究院亚热带林业实验中心 | 江西农业大学、江西省林业科学院 |
| 25 | 江西省科技厅 | 江西省自然科学基金项目 | GA4诱导油茶成花启动的生理特征和转录调控机制研究 | 2022.6—2024.12 | 郭红艳 | 中国林业科学研究院亚热带林业实验中心 | — |
| 26 | 江西省科技厅 | 省重点研发项目 | 良种油茶提质增效关键技术研究 | 2022.9—2024.12 | 王玉娟 | 江西省林业科学院 | — |
| 27 | 江西省科技厅 | 省重点研发项目 | 油茶良种精准评价关键技术研究与应用 | 2022.9—2024.12 | 周文才 | 江西省林业科学院 | — |
| 28 | 中国林科院 | 中央级公益性科研院本科研业务费专项资金 | 油茶宜机化种质资源评价及新品种选育 | 2023.12—2025.12 | 晏巢 | 中国林业科学研究院亚热带林业实验中心 | — |
| 29 | 江西省科技厅 | 科技特派员服务乡村振兴（油茶产业）项目 | 功能性茶油高值化产品创制及产业化示范 | 2023.3—2025.12 | 王波 | 江西赣木霖油茶发展有限公司 | 赣州市林业科学研究所、华南理工大学、赣州哈克生物科技有限公司 |
| 30 | 湖北省科技厅 | 湖北省重点研发计划项目 | 油茶林提质增效与省力化经营技术研发 | 2020.7—2022.12 | 邓先珍 | 湖北省林业科学研究院 | 湖北工业大学，湖北黄袍山绿色产品有限公司 |
| 31 | 湖北省科技厅 | 湖北省技术创新专项重大项目 | 油茶高产高效栽培关键技术研究 | 2018.1—2020.12 | 程军勇 | 湖北省林业科学研究院 | 华中农业大学 |

续表

| 序号 | 立项单位 | 项目类别 | 项目名称 | 实施期限 | 项目负责人 | 承担单位 | 参与单位 |
|---|---|---|---|---|---|---|---|
| 32 | 国家自然科学基金委员会 | 面上项目 | 氮素调控油茶穗条木质化机制研究 | 2024—2027 | 李建安 | 中南林业科技大学 | — |
| 33 | 国家自然科学基金委员会 | 青年科学基金项目 | 油茶CoWRKY5基因调控糖代谢介导的花期低温胁迫响应机制研究 | 2024—2026 | 吴玲利 | 中南林业科技大学 | — |
| 34 | 国家自然科学基金委员会 | 面上项目 | 油茶林地土壤矿物结合态有机质周转的元素计量学机制 | 2024—2027 | 李宇虹 | 中南林业科技大学 | — |
| 35 | 国家自然科学基金委员会 | 面上项目 | 酯型儿茶素介导的油茶自交花粉管生长抑制特征研究 | 2024—2027 | 龚文芳 | 中南林业科技大学 | — |
| 36 | 国家自然科学基金委员会 | 青年科学基金项目 | 基于时预协同的油茶果遥操作采收机器人系统时延控制 | 2024—2026 | 陈海飞 | 中南林业科技大学 | — |
| 37 | 国家自然科学基金委员会 | 青年科学基金项目 | 超声辅助红外喷动床干燥下油茶籽微观孔隙变化及热质传递机理研究 | 2024—2026 | 黄丹 | 中南林业科技大学 | — |
| 38 | 国家自然科学基金委员会 | 青年科学基金项目 | ABA介导乙烯响应因子CoERF20调控油茶花粉管程序性死亡的机理研究 | 2024—2026 | 周俊琴 | 中南林业科技大学 | — |

| 序号 | 立项单位 | 项目类别 | 项目名称 | 实施期限 | 项目负责人 | 承担单位 | 参与单位 |
|---|---|---|---|---|---|---|---|
| 39 | 湖南省科技厅 | 青年科学基金项目 | 油茶果生炭疽菌乙酰转移酶CfGcn5互作蛋白的鉴定及其作用机制研究 | 2023—2025 | 张盛培 | 中南林业科技大学 | — |
| 40 | 湖南省科技厅 | 面上项目 | 油茶果生炭疽菌高表达效应蛋白的功能研究 | 2023—2025 | 曹凌雪 | 中南林业科技大学 | — |
| 41 | 湖南省科技厅 | 青年科学基金项目 | CoFAD参与乙烯诱导油茶种仁多不饱和脂肪酸积累的机制 | 2023—2025 | 马晓玲 | 中南林业科技大学 | — |
| 42 | 湖南省科技厅 | 青年科学基金项目 | 油茶CoFKF1介导转录因子CoMYB4调控CoFT表达参与开花调控的机制研究 | 2023—2025 | 阎晋东 | 中南林业科技大学 | — |
| 43 | 湖南省科技厅 | 青年科学基金项目 | 油茶CoDWF5介导甾醇合成调控油茶抗旱能力的机制研究 | 2023—2025 | 周俊琴 | 中南林业科技大学 | — |
| 44 | 国家林业和草原局 | 林业科技成果推广项目 | 低损高效油茶果采收机的推广应用 | 2023.1—2025.12 | 廖凯 | 中南林业科技大学 | — |
| 45 | 科学技术部 | "十四五"重点研发课题 | 木本油料加工剩余物生物发酵饲料化肥料化关键技术和产品研创 | 2023—2027 | 方学智 | 中国林业科学研究院亚热带林业研究所 | 浙江大学、江南大学、浙江大北农牧科技有限公司 |

续表

| 序号 | 立项单位 | 项目类别 | 项目名称 | 实施期限 | 项目负责人 | 承担单位 | 参与单位 |
|---|---|---|---|---|---|---|---|
| 46 | 浙江省科技厅 | 重点研发项目 | 浙江省油茶、山核桃、香榧中抑菌功能成分 | 2022—2024 | 肖功年 | 浙江科技大学 | 中国林业科学研究院亚热带林业研究所、浙江大学等 |
| 47 | 浙江省科技厅 | 重点研发项目 | 油茶籽抑脂、降糖功能因子发掘及作用机制研究与高值产品研创 | 2023—2025 | 杜孟浩 | 中国林业科学研究院亚热带林业研究所 | 浙江中医药大学、浙江大学附二医院等 |
| 48 | 广东省科技厅 | 广东省重点领域研发计划项目 | 广东大果高产本土油茶良种选育与利用 | 2020.1—2023.12 | 李永泉/张应中 | 仲恺农业工程学院 | 广东省林业科学研究院、华南农业大学 |
| 49 | 广东省科技厅 | 省级科技计划重大项目 | 广东省本土优质高产油茶良种选育研究 | 2015.11—2019.11 | 张应中 | 广东省林业科学研究院 | 华南农业大学 |
| 50 | 广东省科技厅 | 省级科技计划项目 | 油茶种质资源收集、评价与利用 | 2015.6—2017.12 | 张应中 | 广东省林业科学研究院 | — |
| 51 | 广东省科技厅 | 广东省基金项目 | 油茶籽油特征香气成分累积过程中关键调控酶的作用研究 | 2019.10—2022.9 | 王静 | 广东省林业科学研究院 | |
| 52 | 广东省科技厅 | 粤桂区域联合基金（广东省基金）项目 | 广宁红花油茶天然分布区群体的基因组学与表观遗传组学研究 | 2020—2023 | 徐煲铧 | 广东省林业科学研究院 | — |
| 53 | 科技部 | 科技部"科技基础资源调查"专项 | 油茶种质资源调查收集 | 2020.1—2023.12 | 任华东/张应中 | 中国林业科学研究院亚热带林业研究所 | 广东省林业科学研究院 |

| 序号 | 立项单位 | 项目类别 | 项目名称 | 实施期限 | 项目负责人 | 承担单位 | 参与单位 |
|---|---|---|---|---|---|---|---|
| 54 | 广东省林业局 | 广东省地方标准制（修）订林业项目 | 广宁红花油茶和高州油茶优树选择及无性系选育技术规程 | 2022.1—2022.12 | 张应中 | 广东省林业科学研究院 | — |
| 55 | 广东省科技厅 | 省科技专项资金项目 | 云浮市云安区油茶良种繁殖基地建设 | 2019.11—2020.10 | 唐志浩 | 云浮市东盛油茶发展有限公司 | 广东省林业科学研究院 |

## 四、重要产业发展项目

| 序号 | 立项单位 | 项目类别 | 项目名称 | 实施期限 | 项目负责人 | 承担单位 | 参与单位 |
|---|---|---|---|---|---|---|---|
| 1 | 湖南省林业局 | 湖南省林业科技创新资金 | 油茶产量与品质重要关联基因挖掘及品种鉴别技术研究 | 2021.1—2023.12 | 陈永忠 | 湖南省林业科学院 | — |
| 2 | 长沙市科技局 | 长沙市揭榜挂帅 | 油茶高产稳产品种选育及区域化配置关键技术 | 2021.1—2024.6 | 陈永忠 | 岳麓山种业创新中心 | 湖南省林业科学院、中南林业科技大学 |
| 3 | 湖南省林业局 | 湖南省林业科技创新资金 | 油茶航天诱变SP1表型性状研究与变异基因挖掘研究 | 2022.1—2024.12 | 陈永忠 | 湖南省林业科学院 | — |
| 4 | 湖南省林业局 | 中央财政林业科技推广项目 | 油茶专用配方肥应用及水肥一体化调控技术示范 | 2020.1—2022.12 | 陈隆升 | 湖南省林业科学院 | — |
| 5 | 湖南省林业局 | 中央财政林业科技推广项目 | 油茶林源库调控技术示范与推广 | 2021.5—2024.5 | 王瑞 | 湖南省林业科学院 | 祁阳市林业局、沅陵县林业局 |
| 6 | 湖南省林业局 | 中央财政林业科技推广项目 | 油茶籽深加工及综合利用技术 | 2021.5—2024.5 | 马力 | 湖南省林业科学院 | 湖南金昌生物技术有限公司 |

| 序号 | 立项单位 | 项目类别 | 项目名称 | 实施期限 | 项目负责人 | 承担单位 | 参与单位 |
|---|---|---|---|---|---|---|---|
| 7 | 湖南省林业局 | 中央财政林业科技推广项目 | 油茶林地土壤肥力提升与多功能专用肥施用技术示范与推广 | 2023.12—2026.12 | 吴立潮 | 中南林业科技大学 | 一 |
| 8 | 广西壮族自治区林业局 | 中央财政林业科技推广示范项目 | 广西武宣县油茶标准化示范区建设 | 2021.5—2023.12 | 刘凯 | 广西壮族自治区林业科学研究院 | |
| 9 | 广西壮族自治区林业局 | 中央财政林业科技推广示范项目 | 广西北流市油茶标准化示范区建设 | 2019.9—2022.12 | 夏莹莹 | 广西壮族自治区林业科学研究院 | 一 |
| 10 | 广西壮族自治区林业局 | 中央财政林业科技推广示范项目 | "油茶+N"复合经营模式示范推广 | 2023.11—2025.12 | 谢代祖 | 河池市林业科学研究院 | 广西壮族自治区林业科学研究院 |
| 11 | 广西壮族自治区林业局 | 中央财政林业科技推广示范项目 | "油茶+N"复合经营模式示范推广 | 2023.11—2025.12 | 张泽尧 | 广西壮族自治区国有黄冕林场 | 广西壮族自治区林业科学研究院 |
| 12 | 广西壮族自治区林业局 | 中央财政林业科技推广示范项目 | "油茶+N"复合经营模式示范推广 | 2023.11—2025.12 | 杨家强 | 广西壮族自治区国有维都林场 | 广西壮族自治区林业科学研究院 |
| 13 | 广西壮族自治区林业局 | 中央财政林业科技推广示范项目 | "油茶+N"复合经营模式示范推广 | 2023.11—2025.12 | 彭家昆 | 广西壮族自治区国有六万林场 | 广西壮族自治区林业科学研究院 |
| 14 | 广西壮族自治区林业局 | 中央财政林业科技推广示范项目 | 油茶良种高效栽培技术推广示范 | 2023.11—2025.12 | 韦宏 | 广西壮族自治区国有三门江林场 | 中南林业科技大学 |
| 15 | 广西壮族自治区林业局 | 中央财政林业科技推广示范项目 | 香花油茶优良品系丰产栽培技术示范推广 | 2023.11—2025.12 | 朱原立 | 广西国有七坡林场 | 广西壮族自治区林业科学研究院 |
| 16 | 广西壮族自治区林业局 | 中央财政林业科技推广示范项目 | 良种油茶智能水肥一体化精准高效栽培技术推广与示范 | 2023.11—2025.12 | 宋西娟 | 桂林市林业科学研究所 | 中国林业科学研究院华北林业实验中心 |

| 序号 | 立项单位 | 项目类别 | 项目名称 | 实施期限 | 项目负责人 | 承担单位 | 参与单位 |
|---|---|---|---|---|---|---|---|
| 17 | 广西壮族自治区林业局 | 中央财政林业科技推广示范项目 | 三江县油茶高接换种及高效管护技术示范推广 | 2022.6—2024.12 | 侯立英 | 三江县油茶技术推广站 | / |
| 18 | 广西壮族自治区林业局 | 中央财政林业科技推广示范项目 | 香花油茶优良品系示范推广 | 2022.6—2024.12 | 吴善广 | 百色市林业科学研究所 | 广西壮族自治区林业科学研究院 |
| 19 | 广西壮族自治区林业局 | 中央财政林业科技推广示范项目 | 环江县油茶优良无性系丰产栽培技术示范推广 | 2022.6—2024.12 | 韦理电 | 环江县木本油料产业发展中心 | 广西壮族自治区林业科学研究院 |
| 20 | 广西壮族自治区林业局 | 中央财政林业科技推广示范项目 | 昭平县油茶高产栽培技术示范与推广 | 2022.6—2024.12 | 刘智慧 | 贺州市林业技术推广站 | 广西壮族自治区林业科学研究院 |
| 21 | 广西壮族自治区林业局 | 中央财政林业科技推广示范项目 | 香花油茶种苗繁育及丰产栽培技术示范推广 | 2022.6—2024.12 | 廖李标 | 来宾市林业技术推广站 | 广西壮族自治区林业科学研究院 |
| 22 | 广西壮族自治区林业局 | 广西林业地方标准制定（修订）项目 | 油茶大苗培育技术规程 | 2019.12—2021.12 | 陈国臣 | 广西壮族自治区林业科学研究院 | — |
| 23 | 广西壮族自治区林业局 | 广西林业地方标准制定（修订）项目 | 香花油茶栽培技术规程 | 2022.9—2023.12 | 夏莹莹 | 广西壮族自治区林业科学研究院 | — |
| 24 | 广西壮族自治区林业局 | 广西林业地方标准制定（修订）项目 | 香花油茶籽油生产技术规程 | 2023.8—2024.11 | 郝丙青 | 广西壮族自治区林业科学研究院 | — |
| 25 | 广西壮族自治区林业局 | 广西林业地方标准制定（修订）项目 | 香花油茶良种选育技术规程 | 2023.8—2024.11 | 叶航 | 广西壮族自治区林业科学研究院 | — |
| 26 | 江西省林业局 | 江西省油茶重大专项研究项目 | 油茶育种新技术应用与新种质创制 | 2022.8—2024.12 | 周文才 | 江西省林业科学院 | — |

续表

| 序号 | 立项单位 | 项目类别 | 项目名称 | 实施期限 | 项目负责人 | 承担单位 | 参与单位 |
|------|---------|---------|---------|---------|-----------|---------|---------|
| 27 | 江西省林业局 | 江西省油茶重大专项研究项目 | 红花油茶良种选育与应用研究 | 2022.8—2024.12 | 温强 | 江西省林业科学院 | — |
| 28 | 江西省林业局 | 江西省油茶重大专项研究项目 | 茶油加工副产物高附加值利用与产品开发 | 2022.8—2024.12 | 贺磊 | 江西省林业科学院 | — |
| 29 | 江西省发展和改革委员会 | 江西种业专项 | 油茶种业提升工程 | 2023.1—2023.12 | 龚春 | 江西省林业科学院 | — |
| 30 | 江西省林业局 | 中央财政林业科技推广示范项目 | 盛果期油茶精准施钾技术应用研究与推广示范 | 2023.5—2025.12 | 邹中华 | 新余市林业生态科技服务中心 | 江西农业大学、新余市新龙果业开发有限公司 |
| 31 | 江西省林业局 | 中央财政林业科技推广示范项目 | 油茶良种示范林营建技术推广 | 2023.5—2025.12 | 甘青 | 吉安市林业科学研究所 | 永丰县山顶山茶油有限公司、永丰县鹿冈乡陈福根家庭农场 |
| 32 | 江西省林业局 | 中央财政林业科技推广示范项目 | 江西北部油茶优质良种技术推广示范 | 2023.5—2025.12 | 叶思诚 | 九江学院 | 江西和庐生态农业有限公司 |
| 33 | 江西省林业局 | 中央财政林业科技推广示范项目 | 油茶标准化栽培及水肥一体化建设技术推广示范 | 2023.5—2025.12 | 连雷龙 | 黎川县林业资源保护发展中心 | 黎川金楝生态农林综合开发有限责任公司 |
| 34 | 江西省林业局 | 中央财政林业科技推广示范项目 | 油茶丰产栽培技术集成与推广示范 | 2021.6—2023.12 | 王玉娟 | 江西省林业科学院 | — |

| 序号 | 立项单位 | 项目类别 | 项目名称 | 实施期限 | 项目负责人 | 承担单位 | 参与单位 |
|---|---|---|---|---|---|---|---|
| 35 | 江西省林业局 | 江西省油茶重大专项研究项目 | 油茶良种评价与品种配置模式研究 | 2022.8—2024.12 | 胡冬南 | 江西农业大学 | 江西省林业科学院、赣州市林业科学研究所、中国林业科学研究院亚热带林业实验中心 |
| 36 | 江西省林业局 | 江西省油茶重大专项研究项目 | 茶油活性成分分离纯化及其在生物医药的应用开发 | 2022.8—2024.12 | 何璇、叶勇 | 赣州市林业科学研究所 | 赣州哈克生物科技有限公司 |
| 37 | 江西省林业局 | 江西省林业科技创新项目 | 赣南油茶主要虫害发生影响因子及白僵菌防治技术研究 | 2023.6—2025.12 | 谢再成 | 赣州市林业科学研究所 | 江西省林业有害生物防治检疫中心 |
| 38 | 湖北省林业局 | 湖北省林业科技支撑重点项目 | 油茶全链条提质增效技术集成与示范 | 2024.3—2026.12 | 程军勇 | 湖北省林业科学研究院 | — |
| 39 | 湖北省林业局 | 湖北省林业科技支撑重点项目 | 木本油料树种优良品种选育 | 2017.1—2019.12 | 程军勇 | 湖北省林业科学研究院 | — |
| 40 | 湖北省林业局 | 湖北省林业科技支撑重点项目 | 油茶核桃等经济林特色化品种应用及配套高效栽培 | 2020.5—2022.12 | 邓先珍 | 湖北省林业科学研究院 | — |
| 41 | 湖北省林业局 | 中央财政林业科技推广示范项目 | 油茶良种应用关键技术推广示范 | 2015.9—2017.12 | 程军勇 | 湖北省林业科学研究院 | — |
| 42 | 湖北省林业局 | 中央财政林业科技推广示范项目 | 油茶低产林改造关键技术推广示范 | 2019.9—2021.12 | 程军勇 | 湖北省林业科学研究院 | — |
| 43 | 湖北省林业局 | 中央财政林业科技推广示范项目 | 油茶良种应用和丰产栽培关键技术推广示范 | 2023.1—2025.12 | 程军勇 | 湖北省林业科学研究院 | — |
| 44 | 湖北省林业局 | 中央财政林业科技推广示范项目 | 油茶长林系列品种应用和高效栽培技术示范 | 2017.9—2019.12 | 杜洋文 | 湖北省林业科学研究院 | — |

续表

| 序号 | 立项单位 | 项目类别 | 项目名称 | 实施期限 | 项目负责人 | 承担单位 | 参与单位 |
|---|---|---|---|---|---|---|---|
| 45 | 湖北省林业局 | 中央财政林业科技推广示范项目 | 油茶高效施肥技术推广示范 | 2024.1—2026.12 | 李金柱 | 湖北省林业科学研究院 | — |
| 46 | 湖北省林业局 | 中央财政林业科技推广示范项目 | 油茶长林品种应用和高效栽培技术推广示范 | 2023.9—2025.12 | 赵虎 | 湖北省林业科学研究院 | — |
| 47 | 湖北省林业局 | 中央财政林业科技推广示范项目 | 油茶高产高效栽培技术推广示范 | 2020.4—2022.12 | 黄发新 | 湖北省林业科学研究院 | — |
| 48 | 浙江省林业局 | 中央财政林业科技推广示范项目 | 油茶高危病虫害绿色防控技术应用与推广 | 2022.1—2024.5 | 王毅 | 青田县林业技术推广站 | — |
| 49 | 浙江省林业局 | 中央财政林业科技推广示范项目 | 油茶高质绿色培育关键技术集成示范与推广 | 2022.1—2024.5 | 俞文仙 | 杭州市富阳区农业农村局 | — |
| 50 | 浙江省林业局 | 中央财政林业科技推广示范项目 | 油茶林地品种结构优化和产量提升技术示范与推广 | 2023.1—2025.12 | 汪舍平 | 衢州市常山县林业水利局林技推广中心 | — |
| 51 | 浙江省林业局 | 中央财政林业科技推广示范项目 | 油茶低产林提质增效关键技术示范推广 | 2023.1—2025.12 | 叶根华 | 丽水市松阳县生态林业发展中心 | — |
| 52 | 浙江省林业局 | 中央财政林业科技推广示范项目 | 油茶良种丰产和低产林增效关键技术示范与推广 | 2024.1—2026.12 | 王宗星 | 浙江省林业技术推广总站 | — |
| 53 | 浙江省林业局 | 中央财政林业科技推广示范项目 | 油茶良种高效配置及低产林改造技术集成示范与推广 | 2024.1—2026.12 | 陈世通 | 丽水市林业技术推广总站 | — |
| 54 | 广东省林业局 | 省级生态公益林效益补偿资金省统筹项目 | 生态公益林区油茶林综合效益提升关键技术研究及示范推广 | 2020.1—2020.12 | 王明怀 | 广东省林业科学研究院 | — |
| 55 | 广东省林业局 | 中央财政林业科技推广示范项目 | 广宁红花油茶选育技术推广示范 | 2021.1—2023.12 | 徐煲铧 | 广东省林业科学研究院 | — |

续表

| 序号 | 立项单位 | 项目类别 | 项目名称 | 实施期限 | 项目负责人 | 承担单位 | 参与单位 |
|---|---|---|---|---|---|---|---|
| 56 | 广东省林业局 | 中央财政林业科技推广示范项目 | 广东省大埔县油茶低效林改造标准化示范区 | 2022.1—2024.12 | 李洁华 | 广东省林业科学研究院 | 梅州市农林科学院林业研究所、广东穗瑞农林发展有限公司 |
| 57 | 广东省林业局 | 中央财政林业科技推广示范项目 | 油茶叶面肥配方及应用技术推广 | 2022.1—2023.12 | 范剑明 | 梅州市农林科学院林业研究所 | 广东省林业科学研究院 |
| 58 | 广东省林业局 | 中央财政林业科技推广示范项目 | 广东省东莞广宁红花油茶低效林改造标准化示范区 | 2019.10—2021.10 | 荣道军 | 广东省樟木头林场 | 广东省林业科学研究院 |
| 59 | 广东省林业局 | 自然资源事务专项资金-生态林业建设（省级组织实施）项目 | 油茶良法营造示范 | 2022.1—2022.12 | 张应中 | 广东省林业科学研究院 | — |
| 60 | 广东省林业产业协会 | 团体标准项目 | 广东山茶油 | 2022.1—2022.12 | 吴雪辉/王静 | 华南农业大学 | 广东省林业科学研究院等 |
| 61 | 广东省林业局 | 自然资源事务专项资金-生态林业建设（省级组织实施）项目 | 油茶优良种质资源选择与评价 | 2023.1—2023.12 | 张应中 | 广东省林业科学研究院 | — |
| 62 | 广东省林业局 | 自然资源事务专项资金-生态林业建设（省级组织实施）项目 | 公益林低效油茶林综合改造技术示范 | 2023.1—2023.12 | 易君文 | 广东省林业科学研究院 | — |
| 63 | 广东省林业局 | 广东省林业科技创新重点项目 | 广东适生油茶品种区域化试验与评价 | 2018.6—2022.12 | 奚如春/徐煲铧 | 华南农业大学 | 广东省林业科学研究院 |

续表

| 序号 | 立项单位 | 项目类别 | 项目名称 | 实施期限 | 项目负责人 | 承担单位 | 参与单位 |
|---|---|---|---|---|---|---|---|
| 64 | 广东省林业局 | 广东省林业科技创新项目 | 广宁红花油茶优树选择及评价 | 2019.5—2023.12 | 莫其辉/张应中 | 广宁县林业科学研究所 | 广东省林业科学研究院 |
| 65 | 广东省林业局 | 广东省林业科技创新项目 | 广东地方特色茶油特征香气成分鉴别技术研究 | 2018.6—2021.12 | 王静 | 广东省林业科学研究院 | — |
| 66 | 广东省林业局 | 广东省林业科技创新重点项目 | 油茶饼粕多糖产品开发 | 2017.4—2020.12 | 张应中/王静 | 广东省林业科学研究院 | — |
| 67 | 广东省林业局 | 自然资源事务专项资金-生态林业建设（省级组织实施）项目 | 油茶优良种质资源选择与评价 | 2022.1—2022.12 | 张应中 | 广东省林业科学研究院 | — |
| 68 | 广东省林业局 | 广东省林业科技创新重点项目 | 油茶新品种选育及高效开发利用关键技术研究 | 2023.1—2026.12 | 黄久香/张应中 | 华南农业大学 | 广东省林业科学研究院 |
| 69 | 广东省河源市科技局 | 广东省河源市科技局项目 | 油茶病虫害绿色综合防控技术研究与示范 | 2022.1—2024.12 | 单体江 | 华南农业大学 | 龙川湾叶农业发展有限公司 |

## 五、重要成果

### （一）省部级以上奖励

**1. 名称：油茶源库特性与种质创制及高效栽培研究和示范**

奖励等级：2019年梁希林业科学技术奖科技进步奖一等奖

获奖单位：湖南省林业科学院；北京林业大学；中南林业科技大学；江西省林业科学院；中国林业科学研究院亚热带林业研究所；广西壮族自治区林业科学研究院

**2. 名称：油茶产业现代化关键技术创新与应用**

奖励等级：2020年梁希林业科学技术奖科技进步奖一等奖

获奖单位：中南林业科技大学；湖南大三湘茶油股份有限公司；中国林业

科学研究院亚热带林业实验中心；湖南省林大油茶有限公司

3.名称：**大果型高产油茶新品种的选育与推广应用**

奖励等级：2020年湖南省科技进步奖一等奖

获奖单位：中南林业科技大学等

4.名称：**南方红壤区油茶水肥高效调控技术集成创新应用**

奖励等级：2021年梁希林业科学技术奖科技进步奖二等奖

获奖单位：湖南省林业科学院；江西省林业科学院；中国科学院亚热带农业生态研究所；宁乡丰裕生物科技有限公司；湖南绿林海生物科技有限公司；澧县民丰林业科技有限公司

5.名称：**油茶果采后处理与增值加工技术创新与应用**

奖励等级：2022年梁希林业科学技术奖科技进步奖二等奖

获奖单位：湖南省林业科学院；长沙理工大学；湖南和广生物科技有限公司；湖南科技大学；湖南中彬茶油科技有限公司；湘潭鑫源自控设备制造有限公司；湖南金昌生物技术有限公司

6.名称：**岑溪软枝油茶二代改良及应用**

奖励等级：2018年广西科学技术奖科学技术进步类二等奖

获奖单位：广西壮族自治区林业科学研究院；岑溪市软枝油茶种子园

7.名称：**华南地区油茶种质资源收集评价与挖掘利用**

奖励等级：2019年广西科学技术奖科技进步奖二等奖

获奖单位：广西壮族自治区林业科学研究院；中国科学院昆明植物研究所；岑溪市软枝油茶种子园；百色市林业科学研究所；广西益元油茶产业发展有限公司

8.名称：**海南油茶传统加工提质增效关键技术研发与集成应用**

奖励等级：2022年海南科学技术奖科技进步奖二等奖

获奖单位：中国热带农业科学院海口实验站；湖南大三湘茶油股份有限公司；海南新美特科技有限公司；海南侯臣生物科技有限公司

**9. 名称：油茶炭疽病绿色防控关键技术研究与应用**

奖励等级：2022年湖北省科技进步三等奖

获奖单位：湖北省林业科学研究院；华中农业大学；武汉市林业工作站

**10. 名称：高品质油茶籽油安全定向制取关键技术研究与示范**

奖励等级：2019年梁希林业科学技术奖科技进步奖二等奖

获奖单位：中国林业科学研究院亚热带林业研究所；中南林业科技大学；浙江大学等

**11. 名称：主要经济林剩余物基质化利用关键技术研究及产业化**

奖励等级：2020年浙江省科技进步三等奖

获奖单位：中国林业科学研究院亚热带林业研究所；庆元县食用菌科研中心；杭州富阳绿园园艺公司等

**12. 名称：山茶油提质增效关键技术创新与高值化应用**

奖励等级：2021年浙江省科技进步二等奖

获奖单位：浙江大学；杭州千岛湖天鑫有限公司；浙江久晟油茶科技有限公司等

（二）专著

1.《油茶源库理论与应用》，主编：陈永忠；出版社：中国林业出版社；2019年

该书论述了油茶源库理论的基本内涵，揭示了油茶源、库、流的本质特征和相互关系，深入挖掘了源库及其调控在油茶育种和高效栽培技术上的应用，探讨了相关生态因子与调控技术对油茶源库及产量和品质的影响，初步构建了油茶源库理论和源库调控技术体系的基本框架，使油茶源库理论及其应用能够落地生根和开花结果。

2.《中国油茶》，主编：邓三龙、陈永忠；出版社：湖南科学技术出版社；2019年

该书是一部普及油茶知识的百科全书。可以品读油茶的发展历史与现状，了解油茶的神奇；可以通过作者对油茶市场的分析与需求预测，了解油茶产业

发展的空间和价值；还可以从书中找到油茶良种选育与快繁，油茶加工与综合利用等各方面的知识。

3.《油茶产业发展实用技术》，主编：国家林业和草原局科学技术司；出版社：中国林业出版社；2023年

该书按照油茶全产业链各个环节的生产顺序，系统介绍油茶良种生产技术、油茶高效栽培技术、油茶病虫害防控技术、油茶综合利用技术、油茶产业技术装备和油茶栽培品种与技术标准等实用技术，以期为解决油茶产业发展中的难点、焦点、重点问题提供切实可行的技术手段，为推动油茶产业高质量发展贡献力量。

4.《油茶皂素》，主编：方学智、杜孟浩、罗凡等；出版社：中国林业出版社；2022年

该书在总结亚热带林业研究所团队油茶皂素研究成果的基础上，结合国内外近年来在山茶属皂素的研究进展，论述了在油茶皂素分子结构、提取分离技术、表面活性、生理活性、质量控制等方面的研究工作。

5.《中国油茶遗传资源》（上、下册），主编：姚小华、任华东；出版社：科学出版社；2020年

该书概要介绍了山茶属植物起源、分类及全球分布状况，简要介绍了中国开展油茶遗传资源调查情况；围绕油用资源的发掘与利用，基于油茶遗传资源调查结果，重点分析了中国山茶属油用物种及种内遗传变异多样性，系统描述了中国重要油用物种的资源特点、地理分布、植物学特征、籽油特性及保存保护与利用现状。第五章为各论，采用图文混编方式全面收录介绍了中国现有主要油茶选育资源（农家品种、选育良种、优良无性系）及在全国油茶遗传资源调查中发现的具潜在油用开发价值的野生资源（油茶古树、特异性状个体）的分布、植物学形态特征、种实特性、籽油含量、脂肪酸组分及当前利用状况等信息。

## 六、技术标准

| 序号 | 标准名称 | 标准号 | 批准发布部门 | 标准类型 |
|---|---|---|---|---|
| 1 | 油茶 | LY/T 3355—2023 | 国家林业和草原局 | 行业标准 |
| 2 | 油茶低位截干萌条嫁接技术规程 | DB43/T 2880—2023 | 湖南省市场监督管理局 | 地方标准 |
| 3 | 油茶低效林改造技术规程 | DB5103/T 42—2023 | 自贡市市场监督管理局 | 地方标准 |
| 4 | 油茶低效林改造技术规程 | DB5117/T 74—2023 | 达州市市场监督管理局 | 地方标准 |
| 5 | 小果油茶栽培技术规程 | DB52/T 1762—2023 | 贵州省市场监督管理局 | 地方标准 |
| 6 | 油茶高干嫁接山茶技术规程 | DB52/T 1761—2023 | 贵州省市场监督管理局 | 地方标准 |
| 7 | 油茶主要栽培品种配置技术规程 | DB52/T 1760—2023 | 贵州省市场监督管理局 | 地方标准 |
| 8 | 望谟红球油茶栽培技术规程 | DB52/T 1759—2023 | 贵州省市场监督管理局 | 地方标准 |
| 9 | 威宁短柱油茶容器育苗技术规程 | DB52/T 1758—2023 | 贵州省市场监督管理局 | 地方标准 |
| 10 | 威宁短柱油茶苗木质量分级 | DB52/T 1757—2023 | 贵州省市场监督管理局 | 地方标准 |
| 11 | 茶园间种油茶技术规程 | DB5118/31—2023 | 雅安市市场监督管理局 | 地方标准 |
| 12 | 油茶良种穗条生产技术规程 | DB43/T 2862—2023 | 湖南省市场监督管理局 | 地方标准 |
| 13 | 油茶高温干旱等级 | DB43/T 2832—2023 | 湖南省市场监督管理局 | 地方标准 |
| 14 | 油茶林下玉竹间作栽培技术规程 | DB43/T 2825—2023 | 湖南省市场监督管理局 | 地方标准 |
| 15 | 红花油茶优树及无性系选优技术规程 | DB36/T 1851—2023 | 江西省市场监督管理局 | 地方标准 |
| 16 | 油茶低产林改造技术规程 | DB5110/T 51—2023 | 内江市市场监督管理局 | 地方标准 |
| 17 | 油茶气象观测规范 | DB36/T 1792—2023 | 江西省市场监督管理局 | 地方标准 |
| 18 | 油茶农业气象观测规范 | DB43/T 2645—2023 | 湖南省市场监督管理局 | 地方标准 |

| 序号 | 标准名称 | 标准号 | 批准发布部门 | 标准类型 |
|---|---|---|---|---|
| 19 | 地理标志产品 常宁茶油 | DB43/T 1405—2023 | 湖南省市场监督管理局 | 地方标准 |
| 20 | 油茶大苗培育技术规程 | DB45/T 2749—2023 | 广西壮族自治区市场监督管理局 | 地方标准 |
| 21 | 批式循环油茶籽烘干机 | T/HNNJ 0014—2023 | 湖南省农业机械与工程学会 | 团体标准 |
| 22 | 化妆品用原料 油茶籽油 | T/ZJDAIR 003—2023 | 浙江省药品监督管理与产业发展研究会 | 团体标准 |
| 23 | 油茶果高效剥壳作业技术规范 | T/GDCKCJH 075—2023 | 广东省测量控制技术与装备应用促进会 | 团体标准 |
| 24 | 油茶林下套种牛奶根技术规程 | T/FJBS 3—2023 | 福建省植物学会 | 团体标准 |
| 25 | 绿色食品 常山山茶油生产技术规程 | T/ZLX 079—2023 | 浙江省绿色农产品协会 | 团体标准 |
| 26 | 琼海茶油（山柚油）感官评价规程 | T/HNBX 178—2023 | 海南省标准化协会 | 团体标准 |
| 27 | 浙江山茶油 | T/ZFPA 001—2023 | 浙江省林业产业联合会 | 团体标准 |
| 28 | 黔东南山茶油 | T/MDSZ 010—2023 | 黔东南州苗侗山珍农产品行业协会 | 团体标准 |
| 29 | 山茶油产品碳足迹量化与评价方法 | T/CIECCPA 047—2023 | 中国工业节能与清洁生产协会 | 团体标准 |
| 30 | 河源山茶油 | T/GDID 1087—2023 | 广东省企业创新发展协会 | 团体标准 |
| 31 | 地理标志产品 酉阳茶油 | T/OTOP 1025—2023 | 中国民族贸易促进会 | 团体标准 |
| 32 | 香山之品 茶油 | T/ZSGTS 251—2023 | 中山市个体劳动者私营企业协会 | 团体标准 |

## 七、主要荣誉

1．湖南省林业科学院油茶所获评"全国林草系统先进集体"，2023年度。

2．中国林科院亚林中心油茶科技创新团队获评"绿色团队奖"，2023年度。

3．广西壮族自治区林业科学研究院"热带地区油茶创新团队"入选全国林草科技创新团队，2023年度。

4．广西壮族自治区林业科学研究院叶航获广西壮族自治区优秀专家，2023年度。

5．玉林中南生态油茶有限责任公司梁延清荣获第四批国家林草乡土专家称号，2023年度。

6．湖北省林业科学研究院程军勇获湖北省科学素质优秀工作者，2023年度。

7．湖北省林业科学研究院杜洋文获湖北省优秀三区人才，2023年度。

8．湖北省林业科学研究院姜德志获湖北省优秀科技特派员，2023年度。

9．中国油茶科创谷第一批"油茶栽培示范基地"（10家）：湖南雷叔叔油茶科技股份有限公司；湖南山哺园林苗木有限责任公司；湖南聚尔康茶油生物科技有限公司；耒阳市神农温泉生态农庄有限公司；湖南九丰农业发展有限公司；江西星火生物科技有限公司；随州市岳雄丰生态农业有限公司；太湖县纯野生态茶油有限责任公司；广西壮族自治区国有维都林场；湖南万樟园林集团有限公司。

10．中国油茶科创谷第一批"油茶加工示范基地"（8家）：湖南大三湘茶油股份有限公司；湖南山润油茶科技有限公司；湖南和广生物科技有限公司；湖南林之神林韵油茶科技发展有限公司；江西省德义行油茶开发有限公司；湖北黄袍山绿色产品有限公司；安徽龙成油茶加工产业园；广西三门江生态茶油有限责任公司。

11．广东省林业科学研究院赵丹阳获国家林业和草原局"最美林草科技推广员"荣誉称号。

## 八、重要活动

### 1.国家林业和草原局现场推进油茶发展三年行动

2023年11月22日至23日，全国油茶产业发展现场会在广西柳州召开，进一步动员部署、扎实推进加快油茶产业发展三年行动，确保目标任务落实落地、全面完成。会议要求，各油茶产区要提高政治站位，提升发展定位；压实责任,落实落细目标任务;严把种苗关,大力加强油茶良种选育和推广;加快推进,高标准实施油茶造林和低产林改造;落实好用地用钱政策,持续加大支持力度;强链延链,做好品牌宣传推广;切实抓好冬春生产,推动三年行动上台阶,助力油茶产业高质量发展。

**2. 首届中国乡村特色优势产业发展峰会油茶产业发展论坛在京举行**

2023年6月10日,以"发展油茶产业利国利民"为主题的首届中国乡村特色优势产业发展峰会油茶产业发展论坛在京举行。本次论坛由中国乡村发展志愿服务促进会、中国经济林协会、国家油茶工程技术研究中心联合主办。论坛进行了主旨演讲,还设置了对话交流环节,与会领导、专家、企业家围绕"油茶产业与大健康"深入交流。峰会为期3天,举办了金融帮扶、科技帮扶、消费帮扶3个综合论坛和油茶产业发展、油橄榄产业发展、核桃产业发展、杂交构树产业发展、葡萄酒产业发展、南疆核桃和红枣产业发展、青藏高原青稞牦牛产业发展7个产业发展论坛。峰会开幕式上,由中国乡村发展志愿服务促进会组织专家编写的《中国油茶产业发展蓝皮书(2022)》正式对外发布。

**3. 首届湖南油茶节在祁阳举办**

2023年11月16日,首届湖南油茶节在永州祁阳唐家山油茶文化园举行。活动由湖南省林业局、永州市人民政府、中国林业产业联合会共同主办。主题为"发展油茶产业,助力乡村振兴",活动内容丰富,包括唐家山油茶文化园巡园、茶油产品机械及科技成果展示展销、"走,去永州"茶油美食节、油茶产业发展高峰论坛等系列主题活动。

**4. 全国油茶气象服务专家联盟**

2023年9月28日,中国气象局、国家林业和草原局联合发布通知,共同组建全国油茶气象服务专家联盟(以下简称联盟),推进油茶气象服务保障技术研发和工作交流,促进油茶气象服务高质量发展。联盟由全国气象和油茶等相关领域专家组成,是油茶气象服务技术研发和工作交流平台。联盟致力于组织开展油茶种植地理气候区划,制定油茶气象联动服务指标和技术标准,推进制约油茶高产的气象灾害致灾机理和防控适用技术研究,开展高品质油茶生产全过程精细化气象保障技术的研发与交流；组织开展油茶气象及应用领域的培训、学术交流等活动；推进气象及油茶生产相关数据的交换与共享；围绕油茶气象服务技术难点、业务瓶颈及服务体系、管理机制等问题组织开展调研和科学试验。据悉，联盟挂靠在湖南省气象局，接受中国气象局应急减灾与公共服务司、国家林业和草原局林业和草原改革发展司的指导和管理，下一步双方将建立完善相关运行机制，制订年度工作计划，稳步推进油茶气象服务体系建设。

**5.第一届世界林木业大会在南宁开幕**

2023年11月25日，在中国—东盟博览会框架下，由国家林业和草原局与广西壮族自治区人民政府共同主办的第一届世界林木业大会在南宁开幕。大会以"林木绿业 合作共襄"为主题，聚焦"林木业"这个规模最大的绿色经济体，突出"绿色"这个高质量发展的鲜明底色，以林为媒，凝聚共识，促进合作，共襄全球林木业繁荣发展。第一届世界林木业大会于11月23日至26日在南宁举行，采取"会议+展览+论坛"相结合的方式，举办第十三届世界木材与木制品贸易大会、2023年广西林业和高端绿色家居产业发展对接会、2023年林产品国际贸易论坛、2023年香精香料产业发展论坛、2023年中国—东盟博览会林产品及木制品展等系列活动，展览总面积达5万平方米，国内外1000多家林木业重点企业参展参会。大会开幕式举行的签约仪式上，共有30个重点林业产业项目集中签约，总投资超480亿元。

**6.首届中国（柳州）油茶交易博览会在柳州举办**

首届中国（柳州）油茶交易博览会于2023年9月23日至25日在柳州举办。开幕式上，三江侗族自治县政府、广东客家汇农业发展有限公司、中国农垦集团有限公司等17家单位代表签订合作协议，签约金额16.8亿元，涵盖茶油、油茶洗护用品等产品的生产、购销合作内容。这次博览会以"创新引领发展、合作共赢未来"为主题，重点展示全国11个油茶主产区的油茶等高端木本油料产业发展成果，共有国内外128家采购商、230多家销售企业参会，主要展示内容包括加工产品、油茶文化、良种种苗、茶油美食及机械设备5大类。

**7. 全国经济林产品标准化技术委员会2023年年会暨标准助推经济林产业高质量发展研讨会在武汉召开**

2023年12月14日至15日，全国经济林产品标准化技术委员会2023年年会暨标准助推经济林产业高质量发展研讨会在武汉召开。会议总结了全国经济林产品标准化技术委员会2023年工作开展情况和主要成绩，并对2024年重点工作进行了安排部署。会上，特邀专家围绕油茶、核桃标准化建设以及油脂油料质量安全等作专题报告，随后，围绕标准助推经济林产业高质量发展，与会代表展开了热烈交流讨论。

## 九、油茶企业

| 序号 | 地区 | 公司名称 |
|---|---|---|
| 1 | 浙江省衢州市常山县 | 浙江常发粮油食品有限公司 |
| 2 | 浙江省建德市大同镇 | 浙江久晟油茶科技有限公司 |
| 3 | 浙江省衢州市常山县 | 常山斯帝油茶开发有限公司 |
| 4 | 浙江省台州市天台县 | 浙江康能食品有限公司 |
| 5 | 安徽省宁国市经济技术开发区 | 安徽绿健生物科技有限公司 |
| 6 | 安徽省黄山市休宁县 | 黄山市徽山食用油业有限公司 |
| 7 | 安徽省合肥市包河区 | 安徽山里郎茶油有限公司 |
| 8 | 安徽省六安市舒城县 | 安徽省华银茶油有限公司 |
| 9 | 安徽省安庆市宿松县 | 安徽龙成农林发展集团 |
| 10 | 福建省南平市顺昌县 | 老知青集团有限公司 |
| 11 | 福建省三明市尤溪县 | 福建省沈郎油茶股份有限公司 |
| 12 | 福建省泉州市德化县 | 德化县祥山大果油茶有限公司 |
| 13 | 江西省南昌市新建区 | 江西绿源油脂实业有限公司 |
| 14 | 江西省九江市永修县 | 九江市云山油茶科技发展有限公司 |
| 15 | 江西省吉安市永丰县 | 江西绿海油脂有限公司 |
| 16 | 江西省宜春市袁州区 | 宜春元博山茶油科技农业开发有限公司 |
| 17 | 江西省赣州市信丰县 | 江西友尼宝农业科技开发有限公司 |
| 18 | 江西省宜春市袁州区 | 江西星火农林科技发展有限公司 |

| 序号 | 地区 | 公司名称 |
|---|---|---|
| 19 | 河南省信阳市光山县 | 河南省联兴油茶产业开发有限公司 |
| 20 | 河南省信阳市新县 | 信阳绿达山油茶资源发展有限公司 |
| 21 | 湖北省咸宁市通城县 | 湖北黄袍山绿色产品有限公司 |
| 22 | 湖北省恩施土家族苗族自治州来凤县 | 湖北恒贸茶油有限公司 |
| 23 | 湖北省黄冈市麻城市 | 湖北四季春茶油有限公司 |
| 24 | 湖北省荆门市京山市 | 湖北汇澄茶油股份有限公司 |
| 25 | 湖南省永州市冷水滩区 | 湖南林之神林韵油茶科技发展有限公司 |
| 26 | 湖南省岳阳市平江县 | 湖南山润油茶科技发展有限公司 |
| 27 | 湖南省永州市祁阳县 | 湖南新金浩茶油股份有限公司 |
| 28 | 湖南省衡阳市衡南县 | 湖南大三湘茶油股份有限公司 |
| 29 | 湖南省邵阳市绥宁县 | 湖南贵太太茶油科技股份有限公司 |
| 30 | 湖南省衡阳市耒阳市 | 湖南神农国油生态农业发展有限公司 |
| 31 | 广东省河源市东源县 | 广东美林农业投资发展有限公司 |
| 32 | 广东省广州市天河区 | 广东省广垦粮油有限公司 |
| 33 | 广东省河源市龙川县 | 龙川绿油农业发展有限公司 |
| 34 | 广西壮族自治区桂林市灌阳县 | 广西桂林思源生态农业科技开发有限责任公司 |
| 35 | 广西壮族自治区柳州市鱼峰区 | 广西三门江生态茶油有限责任公司 |
| 36 | 广西壮族自治区来宾市兴宾区 | 广西国有维都林场 |
| 37 | 广西壮族自治区南宁市江南区 | 广西金茶王油脂有限公司 |
| 38 | 广西壮族自治区河池市巴马瑶族自治县 | 长寿(巴马)山茶油产业有限公司 |
| 39 | 海南省五指山市通什镇 | 海南五指山丰扬油茶开发有限公司 |
| 40 | 海南省海口市龙华区 | 海南山里郎山茶油有限公司 |
| 41 | 重庆市酉阳土家族苗族自治县 | 重庆酉州油茶科技有限公司 |
| 42 | 重庆市酉阳土家族苗族自治县 | 重庆琥珀茶油有限公司 |
| 43 | 四川省乐山市犍为县 | 四川杰心生物科技集团有限公司 |
| 44 | 四川省自贡市大安区 | 四川久发油茶种植有限公司 |
| 45 | 贵州省铜仁市玉屏侗族自治县 | 贵州黔玉油茶开发有限公司 |
| 46 | 贵州省黔南州平塘县 | 贵州玉水油茶科技发展有限公司 |

续表

| 序号 | 地区 | 公司名称 |
|------|------|----------|
| 47 | 贵州省黔东南州黎平县 | 贵州久晟油茶科技有限公司 |
| 48 | 贵州省黔西南州册亨县 | 贵州大亨油茶科技有限公司 |
| 49 | 云南省德宏州盈江县 | 云南盈林油茶发展有限责任公司 |
| 50 | 云南省文山州广南县 | 云南云岭山茶油有限公司 |
| 51 | 陕西省安康市汉滨区 | 安康市凤南富硒油茶油产品开发有限公司 |
| 52 | 陕西省安康市白河县 | 白河县凯奕油茶种植有限公司 |

## 十、社会影响

油茶是我国特有的木本油料树种,具有不与粮争地的优势和发展潜力,兼具生态效益和经济效益。大力发展油茶产业,既能保障健康优质食用植物油供给、优化现有食用油消费结构、维护国家粮油安全,又能巩固脱贫攻坚成果,助力乡村振兴。油茶产业发展得到社会各界的关注,与之有关的新闻也越来越多,新华社、中央电视台、《人民日报》、《光明日报》、《中国绿色时报》等媒体对油茶产业进行了报道。充分阅读相关新闻资料,分析具体的报道文本,油茶产业发展的社会影响主要体现在以下几个方面。

1. 促进经济增长:油茶产业的发展可以带动相关产业链的发展,如种植、加工、销售等,从而促进经济增长。根据红网《加快油茶产业发展 全面推进乡村振兴》报道,截至2023年,湖南省油茶林总面积2365万亩,茶油年产量32万吨,综合年产值730亿元,分别比2018年增加12.03%、22.13%、62.22%,经济效益增加显著。

2. 增加就业机会:油茶产业的发展需要大量的劳动力,如种植、采摘、加工等,从而为当地居民提供更多的就业机会。根据《中国绿色时报》的《扩面提质增效 油茶产业发展路更宽》《油茶产业成为拉动乡村振兴新引擎》及《中国财经报》的《湖南充分发挥财政职能作用 推动全省油茶产业高质量发展》报道,近年来,通过创新各类油茶产业经营模式,油茶产业有效带动全国近200万贫困人口脱贫增收。

3. 提高农民收入：油茶产业的发展可以提高农民的收入水平，因为农民可以通过种植油茶树、销售油茶产品等方式获得收入。林农可以从土地租金、务工、林下种养殖等方面获得收入。一是土地租金收入，每亩40~100元不等。二是林农在公司做事获得工资收入，每人每天获得100~150元收入，每人每年获得1万~3万元收入。三是油茶林下养鸡，每亩每批40只，每只产值100元，每年产2批，每亩养鸡80只。四是林下种植药材、蔬菜、红薯、萝卜等，采取返包给农户林下种植，每亩每年可获1000~2000元的收入。五是油茶林养蜂收入，每100亩养蜂20~30箱，每亩获得蜂蜜10千克，蜂胶、蜂花粉、蜂王浆各500斤以上，养蜂毛收入共计1500~2000元。

4. 保护生态环境：油茶树具有较强的生态适应性和生态修复能力，可以改善土壤质量、保持水土、减少水土流失等，从而保护生态环境。随着油茶种植面积扩大，油茶产区将形成密集的油茶林防火隔离网带，有利于保护森林资源和生物多样性，促进区域生态经济协调发展。

# 附录2

# 全国油茶主推品种和推荐品种目录

附表1　全国油茶主推品种目录

| 序号 | 品种名称 | 良种编号 | 品种特性 | 适宜栽植区域 | 造林地要求 | 配置品种 |
|---|---|---|---|---|---|---|
| 1 | '长林53号'油茶 | 国S-SC-CO-012-2008 | 株型疏散分层型，叶椭圆形，果卵球形、黄绿色，平均单果重28克。规模化种植盛果期产油量40～50千克/亩 | 浙江，江西，湖北，安徽，湖南，福建东部、北部和西部，贵州东部和南部，重庆东南部和中部，广西北部，广东北部，四川南部，河南南部，陕西南部油茶适生栽培区 | 油茶适生区北带（东部桐柏山、大别山低山丘陵区和西部秦巴山地区）海拔500米以下，中带湘赣浙闽低山丘陵区海拔800米以下，中带西部川东盆地区海拔700米以下、贵州高原区海拔600米以下、川西和川南海拔1000米以下、滇北高原区海拔1500～2000米，南带（桂粤闽南低山丘陵区、滇东南桂西高原山地坝区、桂粤沿海）海拔200～500米，坡度5度以上、25度以下，土层厚度60厘米以上，pH小于6.5的酸性红壤、黄红壤，年均温度14～21℃，光照充足的山地丘陵 | '长林3号''长林23号' |
| 2 | '长林40号'油茶 | 国S-SC-CO-011-2008 | 直立主杆型，叶长椭圆形，果卵球形、三棱、黄绿色，平均单果重19克。规模化种植盛果期产油量40～50千克/亩 | 浙江，江西，湖北，安徽，福建东部、北部和西部，贵州东部和南部，重庆东南部和中部，广西北部，广东北部，四川南部，河南南部，陕西南部油茶适生栽培区 | | '长林4号'或'长林3号' |
| 3 | '长林4号'油茶 | 国S-SC-CO-006-2008 | 自然圆头形，叶披针形，果倒卵球形、绿带红色，平均单果重25克。规模化种植盛果期产油量40～50千克/亩 | 浙江，江西，湖北，安徽，湖南，福建东部、北部和西部，贵州东部和南部，重庆东南部和中部，广西北部，广东北部，四川南部，河南南部，陕西南部油茶适生栽培区 | | '长林40号'或'长林3号' |

续表

| 序号 | 品种名称 | 良种编号 | 品种特性 | 适宜栽植区域 | 造林地要求 | 配置品种 |
|---|---|---|---|---|---|---|
| 4 | '华鑫'油茶 | 国S-SV-CO-019-2021 | 树冠圆头形,生长旺盛,果实红色、有光泽、扁球形,平均单果重52克以上。规模化种植盛果期产油量45～70千克/亩 | 湖南,江西,湖北,广西北部,广东北部,贵州东部和南部,重庆东部和南部,四川南部和北部,河南南部油茶适生栽培区 | | '华金'或'湘林210' |
| 5 | '华金'油茶 | 国S-SV-CO-017-2021 | 树体生长旺盛,树冠近圆柱形,果实青绿色、梨形,平均单果重49克。规模化种植盛果期产油量40～65千克/亩 | 湖南,江西,湖北,广西北部,广东北部,贵州东部和南部,重庆东部和南部,四川南部和北部,河南南部油茶适生栽培区 | 海拔800米以下,相对高度500米以下,坡度在25度以下,土层厚度60厘米以上,pH4.5～6.5酸性红壤、黄红壤,年均温度14～21℃,光照充足的中下坡 | '华鑫'或'长林53号' |
| 6 | '华硕'油茶 | 国S-SV-CO-018-2021 | 树冠圆头形,树体紧凑,果实青色、扁球形,平均单果重69克。规模化种植盛果期产油量45～70千克/亩 | 湖南,江西,湖北,广西北部,贵州东部和南部,重庆东部和南部,四川南部和北部油茶适生栽培区 | | '华鑫'或'湘林210' |
| 7 | '湘XLC15'(湘林210)油茶 | 国S-SC-CO-015-2006 | 树冠自然圆头形,叶片直立、椭圆形,果桔形或球形、黄红色或青黄色,平均单果重45克。规模化种植盛果期产油量50～70千克/亩 | 湖南,江西,湖北,福建北部,广西北部,广东北部,贵州东部和南部,重庆东南部,四川东南部,安徽北部,陕西南部,河南南部油茶适生栽培区 | 海拔1000米以下,相对高度500米以下,坡度25度以下,土层厚度60厘米以上,pH4.0～6.0酸性红壤、黄红壤、黄壤、紫色土,年均温度14～21℃,光照充足的低山丘陵、阳坡地 | '湘林97号'或'华鑫'或'长林53号' |

续表

| 序号 | 品种名称 | 良种编号 | 品种特性 | 适宜栽植区域 | 造林地要求 | 配置品种 |
|---|---|---|---|---|---|---|
| 8 | '湘林1号'油茶 | 国S-SC-CO-013-2006 | 树冠自然圆头形,叶片深绿光亮、椭圆形,果黄红色、橄榄形,平均单果重40克。规模化盛果期产油量50~60千克/亩 | 湖南,江西,湖北,福建北部,广西北部,广东北部,贵州东部,四川南部,重庆东南部,陕西南部,河南南部油茶适生栽培区 | 海拔500米以下,相对高度200米以下,坡度25度以下,土层厚度60厘米以上,pH4.0~6.0酸性红壤、黄红壤、黄壤、紫色土,年均温度14~21℃,光照充足的低山丘陵、阳坡地 | '湘林27号''湘林97号'或'华硕' |
| 9 | '湘林27号'油茶 | 国S-SC-CO-013-2009 | 树冠自然圆头形,叶片椭圆形,果黄红色、球形,平均单果重30克。规模化种植盛果期产油量50~70千克/亩 | 湖南,江西,广西北部,湖北南部,广东北部,贵州东部和南部,重庆南部,四川南部油茶适生栽培区 | 海拔500米以下,相对高度200米以下,坡度25度以下,土层厚度60厘米以上,pH4.0~6.0酸性红壤、黄红壤、黄壤、紫色土,年均温度14~21℃,光照充足的低山丘陵、阳坡地 | '湘林1号'或'湘林78号'或'华硕' |
| 10 | '岑软3号'油茶 | 国S-SC-CO-002-2008 | 冠幅紧凑、冲天状,枝条短小,叶片倒卵形,叶面平展,嫩梢红色,果青红色,球形。规模化种植盛果期产油量50~70千克/亩 | 广西中部、南部和北部,广东东部、西部和北部,湖南南部,江西南部,贵州东南部油茶适生栽培区 | 海拔600米以下,相对高度200米以下,坡度25度以下,土层厚度60厘米以上,pH4.5~6.5的酸性红壤、黄红壤,年均温度16.5~22.6℃,光照充足的丘陵山地 | '岑软2号' |
| 11 | '岑软2号'油茶 | 国S-SC-CO-001-2008 | 树冠呈圆头形,枝条柔软,叶片披针形,叶面平展,嫩梢绿色或花白色,果青色、呈倒杯状。规模化种植盛果期产油量50~70千克/亩 | 广西中部、南部和北部,广东东部、西部和北部,湖南南部,江西南部,贵州东南部油茶适生栽培区 | 海拔600米以下,相对高度200米以下,坡度25度以下,土层厚度60厘米以上,pH4.5~6.5的酸性红壤、黄红壤,年均温度19.1~22.6℃,光照充足的丘陵山地 | '岑软3号' |

| 序号 | 品种名称 | 良种编号 | 品种特性 | 适宜栽植区域 | 造林地要求 | 配置品种 |
|---|---|---|---|---|---|---|
| 12 | '赣无2'油茶 | 国S-SC-CO-026-2008 | 树枝开张，叶片椭圆形或近圆形，果近球形，果皮红黄色，平均单果重27克。规模化种植盛果期产油量40~60千克/亩 | 江西、广东北部油茶适生栽培区 | 海拔600米以下，相对高度200米以下，坡度25度以下，土层厚度60厘米以上，pH 4.5~6.5的酸性红壤、黄壤或黄棕壤，年均温度12~25℃，光照充足的丘陵、山地的斜坡或缓坡 | '赣无1'或'赣石83-4' |
| 13 | '赣兴48'油茶 | 国S-SC-CO-006-2007 | 树枝紧凑，叶片椭圆形或近圆形，果圆球形，果皮红色，平均单果重15克。规模化种植盛果期产油量50~70千克/亩 | 江西、广东北部油茶适生栽培区 | 海拔600米以下，相对高度200米以下，坡度25度以下，土层厚度60厘米以上，pH 4.5~6.5酸性红壤、黄壤或黄棕壤，年均温度12~25℃，光照充足的丘陵、山地的斜坡或缓坡 | '赣无1'或'赣石83-4' |
| 14 | '赣州油1号'油茶 | 国S-SC-CO-014-2008 | 树冠呈圆球形，叶片椭圆形、软厚革质，果球形略扁，果皮青色。规模化种植盛果期产油量40~60千克/亩 | 江西南部、福建西部、广东北部、广西北部油茶适生栽培区 | 海拔500米以下，坡度25度以下，土层厚度80~100厘米，年均温度14~21℃，pH 5.0~6.5酸性红壤、黄红壤，阳光充足、排水良好、交通便利的低山丘陵或平原 | '长林53号'或'赣州油10号' |

| 序号 | 品种名称 | 良种编号 | 品种特性 | 适宜栽植区域 | 造林地要求 | 配置品种 |
|---|---|---|---|---|---|---|
| 15 | '义禄'香花油茶 | 桂R-SC-CO-008-2019 | 植株圆球形,叶小,披针形或椭圆形,部分叶片具波浪、基部钝圆,果黄绿色、球形,平均单果重32克。规模化种植盛果期年产油量60~80千克/亩 | 广西北回归线南部及两侧地带以及其他气候相似地区油茶适生栽培区 | 海拔600米以下,相对高度200米以下,坡度25度以下,土层厚度60厘米以上,pH4.5~6.5的酸性红壤、黄红壤,年均温度21℃以上,光照充足的丘陵山地 | '义丹''义臣'香花油茶 |
| 16 | '义臣'香花油茶 | 桂R-SC-CO-002-2021 | 植株圆柱形,叶小、长椭圆形,果黄绿色、球形无棱、果脐较平。规模化种植盛果期年产油量60~80千克/亩 | 广西北回归线南部及两侧地带以及其他气候相似地区油茶适生栽培区 | | '义禄''义丹'香花油茶 |

## 附表2 各省(区、市)油茶推荐品种目录

| 省份 | 序号 | 品种名称 | 良种编号 | 适宜栽植区域 | 配置品种 |
|---|---|---|---|---|---|
| 安徽 | 1 | '黄山1号'油茶 | 皖S-SC-CO-002-2008 | 安徽南部油茶适宜栽培区 | '黄山2号''黄山3号' |
| | 2 | '长林3号'油茶 | 国S-SC-CO-005-2008 | 安徽大别山南麓油茶适宜栽培区 | '长林40号''长林4号' |
| | 3 | '大别山1号'油茶 | 皖S-SC-CO-022-2014 | 安徽大别山北麓油茶适宜栽培区 | '长林18号''长林55号' |
| | 4 | '长林18号'油茶 | 国S-SC-CO-007-2008 | 安徽大别山北麓油茶适宜栽培区 | '大别山1号''长林55号' |
| 福建 | 1 | '闽43'油茶 | 闽S-SC-CO-005-2008 | 福建油茶适宜栽培区 | '闽杂优3''闽杂优20' |
| | 2 | '闽48'油茶 | 闽S-SC-CO-006-2008 | 福建油茶适宜栽培区 | '闽79''闽油3' |
| | 3 | '闽60'油茶 | 闽S-SC-CO-007-2008 | 福建油茶适宜栽培区 | '闽43''闽48' |

续表

| 省份 | 序号 | 品种名称 | 良种编号 | 适宜栽植区域 | 配置品种 |
|---|---|---|---|---|---|
| 福建 | 4 | '闽79'油茶 | 闽S-SC-CO-007-2011 | 福建油茶适宜栽培区 | '闽油2''闽48' |
| | 5 | '闽杂优22'油茶 | 闽S-SC-CO-021-2019 | 福建东部、中部、西部油茶适宜栽培区 | '闽杂优3''闽杂优20' |
| | 6 | '闽油1'油茶 | 闽S-SC-CO-040-2020 | 福建东部、中部、西部油茶适宜栽培区 | '闽杂优3''闽杂优20' |
| | 7 | '闽油2'油茶 | 闽S-SC-CO-041-2020 | 福建东部、中部、西部油茶适宜栽培区 | '闽43''闽油1' |
| 浙江 | 1 | '浙林2号'油茶 | 浙S-SC-CO-012-1991 | 浙江西南部油茶适宜栽培区 | '浙林6号''浙林8号''浙林10号' |
| | 2 | '浙林6号'油茶 | 浙S-SC-CO-005-2009 | 浙江西南部油茶适宜栽培区 | '浙林2号''浙林8号''浙林10号' |
| | 3 | '浙林8号'油茶 | 浙S-SC-CO-007-2009 | 浙江西南部油茶适宜栽培区 | '浙林6号''浙林2号''浙林10号' |
| | 4 | '浙林10号'油茶 | 浙S-SC-CO-009-2009 | 浙江西南部油茶适宜栽培区 | '浙林6号''浙林8号''浙林2号' |
| 江西 | 1 | '长林3号'油茶 | 国S-SC-CO-005-2008 | 江西油茶适宜栽培区 | '长林4号''长林53号''长林40号' |
| | 2 | '赣石83-4'油茶 | 国S-SC-CO-025-2008 | 江西油茶适宜栽培区 | '赣无2' |
| | 3 | '赣无1'油茶 | 国S-SC-CO-007-2007 | 江西油茶适宜栽培区 | '赣无2' |
| | 4 | '赣州油7号'油茶 | 国S-SC-CO-007-2008 | 江西油茶适宜栽培区 | '赣州油1号' |
| 河南 | 1 | '长林18号'油茶 | 国S-SC-CO-007-2008 | 河南南部油茶适宜栽培区 | '长林23号''长林55号' |
| | 2 | '豫油1号'油茶 | 豫S-SV-CO-011-2018 | 河南南部油茶适宜栽培区 | '豫油2号''长林40号''长林18号' |
| 湖北 | 1 | '鄂林151'油茶 | 鄂S-SC-CO-016-2002 | 湖北油茶适宜栽培区 | '鄂油81号''长林18号' |
| | 2 | '鄂林102'油茶 | 鄂S-SC-CO-017-2002 | 湖北油茶适宜栽培区 | '鄂油81号''长林4号''长林40号' |

续表

| 省份 | 序号 | 品种名称 | 良种编号 | 适宜栽植区域 | 配置品种 |
|---|---|---|---|---|---|
| 湖南 | 1 | '湘林97号'油茶 | 国S-SC-CO-019-2009 | 湖南油茶适宜栽培区 | '湘林67号''湘林78号''德字一号' |
| | 2 | '衡东大桃'39 | 湘S-SC-CO-004-2012 | 湖南油茶适宜栽培区 | '衡东大桃2号''湘林78号' |
| | 3 | '德字一号'油茶 | 湘S0901-Co2 | 湖南东部和北部油茶适宜栽培区 | '华金''湘林97号''常德铁城一号' |
| | 4 | '常德铁城一号'油茶 | 湘S0801-Co2 | 湖南北部油茶适宜栽培区 | '华金''湘林124号' |
| 广东 | 1 | '粤韶75-2'油茶 | 粤S-SC-CO-019-2009 | 广东北部油茶适宜栽培区 | '粤韶77-1' |
| | 2 | '粤连74-4'油茶 | 粤S-SC-CO-021-2009 | 广东北部油茶适宜栽培区 | '粤连74-5' |
| | 3 | '粤韶77-1'油茶 | 粤S-SC-CO-020-2009 | 广东北部油茶适宜栽培区 | '粤韶75-2' |
| | 4 | '粤韶74-1'油茶 | 粤S-SC-CO-018-2009 | 广东北部油茶适宜栽培区 | '粤韶77-1' |
| 广西 | 1 | '岑软22号'油茶 | 桂S-SC-CO-002-2016 | 广西油茶适宜栽培区 | '岑软2号''岑软3号' |
| | 2 | '岑软24号'油茶 | 桂S-SC-CO-003-2016 | 广西油茶适宜栽培区 | '岑软2号''岑软3号' |
| | 3 | '岑软11号'油茶 | 桂S-SC-CO-001-2016 | 广西油茶适宜栽培区 | '岑软2号''岑软3号' |
| | 4 | '岑软3-62'油茶 | 桂S-SC-CO-011-2015 | 广西油茶适宜栽培区 | '岑软3号''岑软24号' |
| | 5 | '义丹'香花油茶 | 桂R-SC-CO-009-2019 | 广西中南部油茶适生栽培区 | '义禄''义臣'香花油茶 |
| | 6 | '义雄'香花油茶 | 桂R-SC-CO-003-2021 | 广西中南部油茶适生栽培区 | '义禄''义丹'香花油茶 |
| | 7 | '义娅'香花油茶 | 桂R-SC-CO-004-2021 | 广西中南部油茶适生栽培区 | '义轩'香花油茶 |
| | 8 | '义轩'香花油茶 | 桂R-SC-CO-005-2021 | 广西中南部油茶适生栽培区 | '义娅'香花油茶 |
| 海南 | 1 | '琼东2号'越南油茶 | 琼S-SC-CO-001-2021 | 海南北部和中部油茶适生栽培区 | '琼东9号'越南油茶 |

续表

| 省份 | 序号 | 品种名称 | 良种编号 | 适宜栽植区域 | 配置品种 |
|---|---|---|---|---|---|
| 海南 | 2 | '琼东8号'越南油茶 | 琼S-SC-CO-002-2021 | 海南北部和中部油茶适生栽培区 | '琼东6号'越南油茶 |
| | 3 | '琼东9号'越南油茶 | 琼S-SC-CO-003-2021 | 海南北部和中部油茶适生栽培区 | '琼东2号'越南油茶 |
| 重庆 | 1 | '长林3号'油茶 | 渝S-ETS-CO-009-2015 | 重庆中部和东南部油茶适生栽培区 | '长林4号''长林53号''长林40号' |
| | 2 | '长林18号'油茶 | 渝S-ETS-CO-002-2017 | 重庆中部和东南部油茶适生栽培区 | '长林23号''长林53号' |
| 四川 | 1 | '江安-1'油茶 | 川S-SC-CO-001-2017 | 四川东南部油茶适生栽培区 | '江安-54''翠屏-15''翠屏-16' |
| | 2 | '江安-54'油茶 | 川S-SC-CO-002-2017 | 四川东南部油茶适生栽培区 | '江安-1''翠屏-15''翠屏-16' |
| | 3 | '翠屏-15'油茶 | 川S-SV-CO-003-2018 | 四川东南部油茶适生栽培区 | '江安-1''江安-54''翠屏-16' |
| | 4 | '翠屏-16'油茶 | 川S-SV-CO-004-2018 | 四川东南部油茶适生栽培区 | '江安-1''江安-54''翠屏-15' |
| | 5 | '川荣-153'油茶 | 川S-SC-CO-004-2019 | 四川东南部油茶适生栽培区 | '川荣-156' |
| | 6 | '川荣-156'油茶 | 川S-SV-CO-005-2018 | 四川东南部油茶适生栽培区 | '川荣-153' |
| | 7 | '长林3号'油茶 | 川R-ETS-CO-003-2020 | 乐山市、泸州市、雅安市、内江市 | '长林40号' |
| 贵州 | 1 | '黔油1号'油茶 | 黔R-SC-CO-005-2016 | 贵州西南部油茶适生栽培区 | '黔油2号''黔油3号''黔油4号' |
| | 2 | '黔油2号'油茶 | 黔R-SC-CO-006-2016 | 贵州西南部油茶适生栽培区 | '黔油1号''黔油3号''黔油4号' |
| | 3 | '草海1号'油茶 | 黔R-SV-CW-001-2021 | 贵州西北部海拔1800~2400m地区 | '草海2号' |
| | 4 | '草海4号'油茶 | 黔R-SV-CP-007-2021 | 贵州西北部海拔1800~2400m地区 | '草海5号' |

续表

| 省份 | 序号 | 品种名称 | 良种编号 | 适宜栽植区域 | 配置品种 |
|---|---|---|---|---|---|
| 云南 | 1 | '云油3号' 油茶 | 云S-SV-CO-002-2016 | 云南东南部油茶适生栽培区 | '云油4号''云油9号' |
| | 2 | '云油4号' 油茶 | 云S-SV-CO-003-2016 | 云南东南部油茶适生栽培区 | '云油3号''云油9号' |
| | 3 | '云油9号' 油茶 | 云S-SV-CO-004-2016 | 云南东南部油茶适生栽培区 | '云油3号''云油4号' |
| | 4 | '云油13号' 油茶 | 云S-SV-CO-005-2016 | 云南东南部油茶适生栽培区 | '云油3号''云油4号' |
| | 5 | '云油14号' 油茶 | 云S-SV-CO-006-2016 | 云南东南部油茶适生栽培区 | '云油3号''云油4号' |
| | 6 | '腾冲1号' 滇山茶 | 云S-SC-CR-010-2014 | 云南西部滇山茶适生栽培区 | '腾冲5号''腾冲6号' 滇山茶 |
| | 7 | '腾冲7号' 滇山茶 | 云R-SC-CR-027-2021 | 云南西部滇山茶适生栽培区 | '腾冲1号''腾冲5号' 滇山茶 |
| | 8 | '腾冲9号' 滇山茶 | 云R-SC-CR-029-2021 | 云南西部滇山茶适生栽培区 | '腾冲1号''腾冲5号' 滇山茶 |
| | 9 | '德林油4号' 油茶 | 云S-SC-CO-023-2020 | 云南盈江油茶适生栽培区 | '盈林油6号''盈林油8号' 油茶 |
| | 10 | '盈林油6号' 油茶 | 云R-SC-CO-049-2020 | 云南盈江油茶适生栽培区 | '盈林油8号''德林油4号' 油茶 |
| 陕西 | 1 | '秦巴1号' 油茶 | 陕S-SC-CQ-015-2021 | 陕西南部油茶适生栽培区 | '长林3号''长林23号' |
| | 2 | '长林18号' 油茶 | 国S-SC-CO-007-2008 | 陕西南部油茶适生栽培区 | '长林55号''长林3号''长林23号' |
| | 3 | '汉油7号' 油茶 | 陕S-SC-CH-008-2016 | 陕西南部油茶适生栽培区 | '长林3号''长林23号' |
| | 4 | '汉油10号' 油茶 | 陕S-SC-CH10-009-2016 | 陕西南部油茶适生栽培区 | '长林3号''长林23号' |
| | 5 | '亚林所185号' 油茶 | 陕S-ETS-CY-010-2016 | 陕西南部油茶适生栽培区 | '长林3号''长林23号' |
| | 6 | '亚林所228号' 油茶 | 陕S-ETS-CY228-011-2016 | 陕西南部油茶适生栽培区 | '长林3号''长林23号' |

附表3 各区域油茶主推品种和推荐品种

| 序号 | 区域 | 涉及范围 | 适宜种植品种 | |
|---|---|---|---|---|
| | | | 主推品种 | 推荐品种 |
| 1 | 中部栽培区 | 江西全省 | '长林53号''长林4号''长林40号''华鑫''华金''华硕''湘林XLC15''湘林1号''湘林27号''赣无2''赣兴48''赣州油1号' | '长林3号''赣石83-4''赣无1''赣州油7号' |
| | | 湖南全省 | '长林53号''长林4号''长林40号''华鑫''华金''华硕''湘林XLC15''湘林1号''湘林27号' | '湘林97号''衡东大桃39号''德字一号''常德铁城一号' |
| | | 湖北全省 | '长林53号''长林4号''长林40号''华鑫''华金''华硕''湘林XLC15''湘林1号''湘林27号''赣无2''赣兴48''赣州油1号' | '鄂林151''鄂林102' |
| | | 安徽南部 | '长林53号''长林4号''长林40号' | '黄山1号' |
| 2 | 东部栽培区 | 浙江西南部 | '长林53号''长林4号''长林40号' | '浙林2号''浙林6号''浙林8号''浙林10号' |
| | | 福建中部、西部、北部 | '长林53号''长林4号''长林40号''湘林XLC15''湘林1号''赣州油1号' | '闽43''闽48''闽60''闽79''闽杂优22''闽油1''闽油2' |
| 3 | 南部栽培区 | 广西中部、南部和北部 | '岑软3号''岑软2号''长林53号''长林4号''长林40号''华鑫''华金''华硕''湘林XLC15''湘林1号''湘林27号''赣州油1号''义禄''义臣'香花油茶 | '岑软22号''岑软24号''岑软11号''岑软3-62号''义丹''义雄''义娅''义轩'香花油茶 |
| | | 广东东部、西部和北部 | '岑软3号''岑软2号''长林53号''长林4号''长林40号''华鑫''华金''华硕''湘林XLC15''湘林1号''湘林27号''赣无2''赣兴48''赣州油1号' | '粤韶75-2''粤连74-4''粤韶77-1''粤韶74-1' |
| 4 | 西南栽培区 | 四川南部和东部 | '长林53号''长林4号''长林40号''华鑫''华金''华硕''湘林XLC15''湘林1号''湘林27号' | '江安-1''江安-57''翠屏-15''翠屏-16''川荣-153''川荣-156''长林3号' |
| | | 重庆东南部和中部 | '长林53号''长林4号''长林40号''华鑫''华金''华硕''湘林XLC15''湘林1号''湘林27号' | '长林3号''长林18号' |
| | | 贵州东部、南部、西南部 | '长林53号''长林4号''长林40号''华鑫''华金''华硕''湘林XLC15''湘林27号''岑软3号''岑软2号' | '黔油1号''黔油2号' |

续表

| 序号 | 区域 | 涉及范围 | 适宜种植品种 | |
|---|---|---|---|---|
| | | | 主推品种 | 推荐品种 |
| 5 | 云贵高原栽培区 | 云南西部、东南部 | 无国审品种 | '云油3号''云油4号''云油9号''云油13号''云油14号''腾冲1号''腾冲7号''腾冲9号''德林油4号''盈林油6号' |
| | | 贵州西北部 | 无国审品种 | '草海1号''草海4号' |
| 6 | 北部栽培区 | 河南南部 | '长林53号''长林4号''长林40号''华鑫''华金''湘林XLC15''湘林1号' | '长林18号''豫油1号' |
| | | 安徽大别山区 | '长林53号''长林4号''长林40号' | '大别山1号''长林18号''长林3号' |
| | | 陕西南部 | '长林53号''长林4号''长林40号''华鑫''华金''湘林XLC15''湘林1号' | '秦巴1号''长林18号''汉油7号''汉油10号''亚林所185号''亚林所228号' |
| 7 | 海南栽培区 | 海南北部和中部 | 无国审品种 | '琼东2号''琼东8号''琼东9号'越南油茶 |

# 参考文献

[1] 国家林业和草原局:《中国林业和草原统计年鉴2022》,中国林业出版社2023年版。

[2] 国家林业和草原局科学技术司:《油茶产业发展实用技术》,中国林业出版社2023年版。

[3] 国家林业和草原局:《油茶(LY/T 3355—2023)》,中国标准出版社2023年版。

[4] 何方、姚小华:《中国油茶栽培》,中国林业出版社2013年版。

[5] 姚小华、任华东:《中国油茶遗传资源》,科学出版社2020年版。

[6] 邓三龙、陈永忠:《中国油茶》,湖南科学技术出版社2019年版。

[7] 谭晓风、袁军、刘繁灯等:《油茶栽培品种应用技术》,中国林业出版社2020年版。

[8] 陈永忠、王瑞、刘彩霞等:《油茶高效栽培技术》,中国林业出版社2020年版。

[9] 周国英、刘君昂、颜华等:《油茶病虫害防治技术》,中国林业出版社2020年版。

[10] 陈隆升、杨小胡、许彦明等:《油茶施肥技术》,中国林业出版社2020年版。

[11] 袁军、谭晓风、陆佳等:《油茶良种容器育苗技术》,中国林业出版社2020年版。

[12] 中国乡村发展志愿服务促进会:《中国油茶产业发展蓝皮书(2022)》,研究出版社2022年版。

[13] 王胜男:《扩面提质增效 油茶产业发展路更宽》,《中国绿色时报》2022年10月22日。

[14] 谭晓风:《油茶分子育种研究进展》,《中南林业科技大学学报》2023年第1期。

[15] 陈永忠:《我国油茶科技进展与未来核心技术》,《中南林业科技大学学报》2023年第7期。

[16] 陈永忠等:《油茶产业发展新论》,《南京林业大学学报(自然科学版)》2020年第1期。

[17] 方学智等:《我国油茶加工的现状及发展建议》,《中国农村科技》2022年第11期。

[18] 刘祯等:《粤东高州油茶林固碳释氧及增湿降温能力计量评价》,《林业与环境科学》2023年第5期。

[19] 严茂林等:《大食物观下我国木本油料高质量发展的现实约束、潜力挖掘和对策建议》,《中国油脂》2024年第6期。

[20] 李晨曦:《湖南省油茶产业发展绩效评价研究》,中南林业科技大学2023年硕士学位论文。

[21] 周蕾:《湖南省油茶产业长效减贫效应研究》,中南林业科技大学2022年硕士学位论文。

[22] 夏莹莹:《广西油茶人工林植物多样性及其碳贮量研究》,东北林业大学2020年博士学位论文。

[23] 郭梦晴等:《高州油茶人工林碳储量分布特征》,《华南农业大学学报》2020年第3期。

[24] 张晓涛:《湖南省油茶产业综合效益评估研究》,中南林业科技大学2016年硕士学位论文。

[25] 谭新建等:《我国油茶良种选育及推广应用》,《世界林业研究》2023年第2期。

[26] 陈清华:《多元化农业推广发展研究》,《才智》2014年第32期。

[27] 王睦欣等:《乡村经济多元化发展及其推进路径研究》,《经济纵横》2019年第12期。

[28] 韩一军：《品牌农业 大有可为》，《经济日报》2008年6月3日。

[29] 孙永江等：《广西壮族自治区百色市油茶产业现状调查与分析》，《农业与技术》2020年第21期。

[30] 蒋林林等：《广西油茶低产林改得了也改得好——百色市油茶低改经验振奋人心》，《国土绿化》2021年第11期。

[31] 刘光快等：《广西油茶产业发展的现状、存在问题与对策》，《贵州农业科学》2019年第11期。

[32] 欧阳硕龙等：《湖南省油茶产业发展现状与对策研究》，《湖南林业科技》2020年第5期。

[33] 杨小胡等：《湖南省油茶产业发展存在的问题与对策》，《湖南林业科技》2015年第1期。

[34] 汤晓文等：《我国油茶产业发展现状及对策》，《林业经济》2008年第7期。

[35] 周夏铮等：《大力发展油茶产业对加快推进生态广西建设的应用研究》，《山西农经》2022年第9期。

[36] 李家贤等：《广东油茶品种资源现状及育种方向》，《广东农业科学》2011年第20期。

[37] 全国绿化委员会办公室：《2023年中国国土绿化状况公报》，国家林业和草原局网，2024-03-12。

[38] 中国林科院：《全国首支油茶机械化采收作业服务队成立》，国家林业和草原局网，2023-11-07。

[39] 严鸠祖：《让"世界油茶看中国，中国油茶看湖南"叫得更响——关于做优做强做大湖南油茶产业的调研与思考》，湖南政研网，2022-08-09。

[40] 许旻毓：《新华指数|12月上半月全国油茶籽精炼油（压榨一级）价格指数小幅回升》，新华财经，2023-12-22。

[41] 新华社：《习近平在河南考察时强调 坚定信心埋头苦干奋勇争先 谱写新时代中原更加出彩的绚丽篇章》，新华网，2019-09-18。

# 后 记

本书是中国乡村发展志愿服务促进会（以下简称促进会）组织编写的乡村振兴特色优势产业培育工程丛书之一，是促进会关于中国油茶产业发展的第二本蓝皮书。按照促进会的总体部署，本书的编写工作由湖南省林业科学院（国家油茶工程技术研究中心）牵头，联合中国林业科学研究院亚热带林业研究所、江西省林业科学院、湖北省林业科学研究院、湖南大三湘茶油股份有限公司、广西壮族自治区林业科学研究院、农业农村部食物与营养发展研究所、海南大学、湖南省油茶产业协会、中南林业科技大学、广东省林业科学研究院、中国热带农业科学院椰子研究所及相关企业共同编写关于我国油茶产业发展的年度报告。

本书由湖南省林业科学院副院长，国家油茶工程技术研究中心主任陈永忠研究员总体设计撰写方案、全程指导撰写工作。编写人员通过搜索查阅、企业座谈、调研咨询、数据分析等，沟通协调完成编写内容。在此期间，编写成员发挥了较强的分工协作能力，如期形成了初稿，又经中国乡村发展志愿服务促进会组织的专家初审会和专家评审会评审，最终形成了《中国油茶产业发展蓝皮书（2023）》。

本书结构框架由主编陈永忠审定，统稿由许彦明、张震完成，撰写人员具体分工如下：

绪　论

　　陈永忠、陈隆升、杨小胡

第一章　油茶产业发展基本情况

　　冯纪福、汪韦兴、张震、许彦明、马力、龙玲

第二章　油茶产业发展外部环境

　　龚春、占志勇、王瑞

第三章　油茶产业发展重点区域

　　　　程军勇、陈清波、杜洋文、李金柱、徐雅雯、陈隆升、张震、王湘南、马锦林、王东雪、刘凯、龚春、占志勇、张应中、方学智

第四章　油茶产业发展重点企业

　　　　周新平、杨友志、程军勇、乔永辉、张涛

第五章　油茶产业发展的代表性产品

　　　　方学智、杜孟浩、胡立松、罗凡、魏祯倩

第六章　油茶产业发展效益评价

　　　　马锦林、夏莹莹、叶航、唐炜、何之龙

第七章　油茶产业发展趋势与对策

　　　　黄家章、聂莹、许彦明、寻成峰、李志钢、康地

附　录

　　　　许彦明、张震、马玉申、刘彩霞、张英、陈柏林、高晶、龚春、程军勇、方学智、王东雪、陈梦秋、袁军、贾效成、张应中

附　表

　　　　张震、许彦明

　　在此，向蓝皮书统筹规划、章节写作和参与评审的专家们表示感谢！本书由编委会顾问闵庆文主任审核。正是由于大家的辛勤努力和付出，使该书能够顺利出版。此外中国出版集团研究出版社也对本书给予了高度重视和热情支持，其工作人员在时间紧、任务重、要求高的情况下，为本书的出版付出了大量的精力和心血，在此一并表示衷心的谢意！感谢所有被本书引用和参考的文献作者，是你们的研究成果为本书提供了参考和借鉴。由于编写时间短，本书仍存在一些不足和有待改进与完善的地方，真诚欢迎专家学者和广大读者批评指正。

本书编写组

2024年5月